Deutsch hier

Ein Unterrichtswerk für ausländische Arbeitnehmer
Erwachsene und Jugendliche

Lehrbuch

Theo Scherling, Hans Friedrich Schuckall und Heinz Wilms

LANGENSCHEIDT
BERLIN · MÜNCHEN · WIEN · ZÜRICH

Deutsch hier

Ein Unterrichtswerk für ausländische Arbeitnehmer
Erwachsene und Jugendliche

Lehrbuch

von

Theo Scherling, Hans Friedrich Schuckall und Heinz Wilms

in Zusammenarbeit mit

Wolf-Dieter Ortmann (Phonetik)

Reiner Schmidt (kritische Durchsicht der Grammatik)

Bjarne Geiges (Fotografie, soweit keine andere Quelle genannt)

Redaktion: Gernot Häublein, Hans-Reinhard Fischer, Sabine Wenkums

Umschlaggestaltung: Theo Scherling, unter Verwendung einer Postkarte des Ararat Verlags, Berlin (Serie ISBN 3-921889-62-6), nach einem Ölgemälde von Hanefi Yeter

Quellennachweis für Texte und Abbildungen s. S. 176

Druck:	5.	4.	3.	2.	1.	Letzte Zahlen
Jahr:	86	85	84	83	82	maßgeblich

Druck: Druckhaus Langenscheidt, Berlin
Printed in Germany · ISBN 3-468-49980-9

Inhaltsverzeichnis

1

Merhaba! Benim adım Arif Oğuz. Sizin adınız ne?
Guten Tag! Josef Abel – und wie heißen Sie?
Benim adım Josef Abel. Sizin adınız ne?
Ne diyor?
Was sagt er?
"Ich heiße Arif Oğuz – und wie heißen Sie?
Wer ist das?
Arif Oğuz aus der Türkei.

Ich heiße Max, und du?
Mustafa.

○ Guten Tag, ich heiße Fischer.
● Guten Tag, Braun.

● Watanabe.
○ Verzeihung, wie ist Ihr Name?
● **Watanabe!**

2

Ich heiße
Carmen Puente.
Ich komme aus Spanien,
aus Valencia.
Ich wohne in Köln und
arbeite bei Ford.
Woher kommen Sie?
Lübeck
Hamburg
Wolfsburg
Berlin
Dortmund
Kassel
Köln
Frankfurt
Mannheim
Saarbrücken
Nürnberg
Stuttgart
München
Yu
J
P
E
Gr
Tr
Valencia

Wie geht's?

FC MILAN

La tua birra!

Grazie!

Hallo, Theodoros!
Wie geht's?

Ganz gut.

Das ist Angelo Benetti
aus Italien.

Sie kommen aus Italien?

Si, parla Italiano?

Wie bitte?

Sprechen Sie Italienisch?

Nein, leider nicht.

Sie sprechen aber gut Deutsch!

Ja, es geht. Sprechen Sie
Griechisch?

Nein, leider nicht.
Sie kommen aus Griechenland?

Ja, aus Athen.

Trinken Sie auch ein Bier?

Lieber Coca-Cola.

Una Coca, per favore!

Una Coca per Theodoros!

Wie geht's? Wie geht es Ihnen?	Ganz gut, danke. Danke, es geht.
Trinken Sie auch ein Bier? Nehmen Sie auch Cola?	Ja, bitte. Nein, danke. Nein, lieber Cola.
Sprechen Sie Deutsch? Sprechen Sie auch Italienisch?	Ja, es geht./Ja, ein bißchen. Nein, leider nicht.

4a

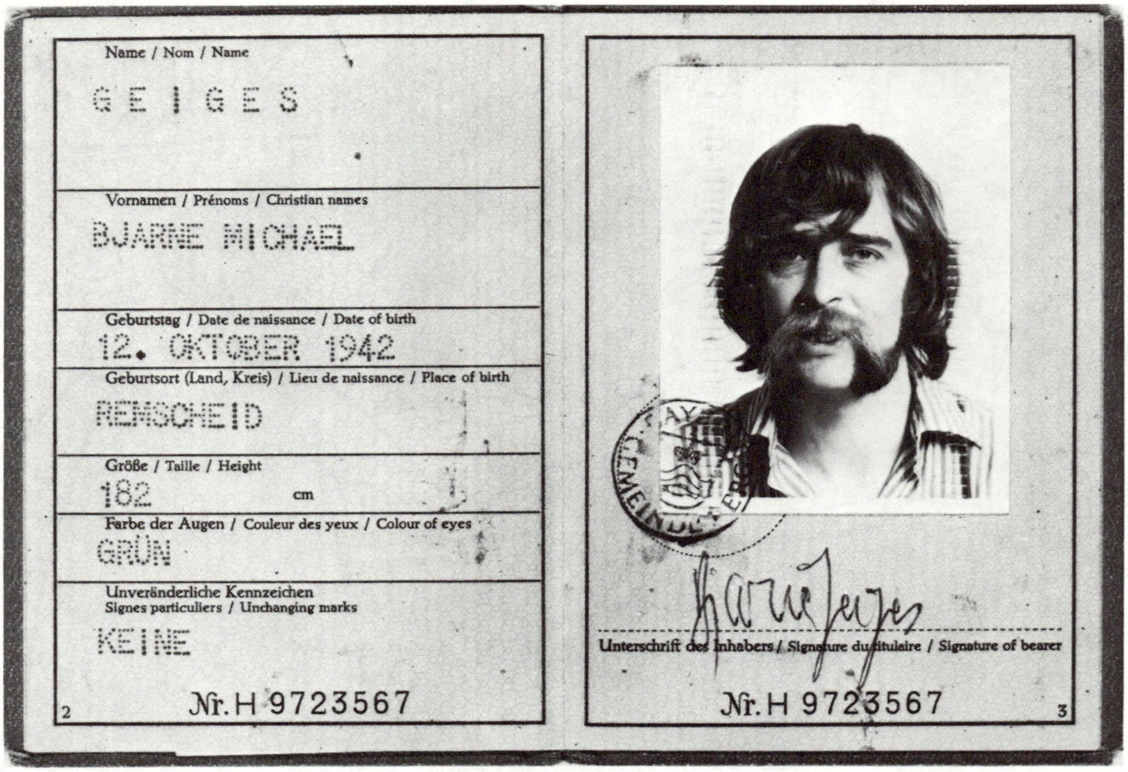
Name / Nom / Name
GEIGES
Vornamen / Prénoms / Christian names
BJARNE MICHAEL
Geburtstag / Date de naissance / Date of birth
12. OKTOBER 1942
Geburtsort (Land, Kreis) / Lieu de naissance / Place of birth
REMSCHEID
Größe / Taille / Height
182 cm
Farbe der Augen / Couleur des yeux / Colour of eyes
GRÜN
Unveränderliche Kennzeichen
Signes particuliers / Unchanging marks
KEINE
2 Nr. H 9723567

Unterschrift des Inhabers / Signature du titulaire / Signature of bearer
Nr. H 9723567 3

Wie heißen Sie?	– (Bjarne Michael) Geiges.	Noch einmal, bitte langsam.
Wie alt sind Sie?	– Vierzig./Einundvierzig.	Wie schreibt man das?
Wie groß sind Sie?	– Eins zweiundachtzig.	Buchstabieren Sie bitte!

b

ABR

Buchstabiertafel

A = Anton	J = Julius	S = Samuel
Ä = Ärger	K = Kaufmann	Sch = Schule
B = Berta	L = Ludwig	T = Theodor
C = Cäsar	M = Martha	U = Ulrich
Ch = Charlotte	N = Nordpol	Ü = Übermut
D = Dora	O = Otto	V = Viktor
E = Emil	Ö = Ökonom	W = Wilhelm
F = Friedrich	P = Paula	X = Xanthippe
G = Gustav	Q = Quelle	Y = Ypsilon
H = Heinrich	R = Richard	Z = Zacharias
I = Ida		

Wie heißen Sie?

Abramczyck.

Abr. . . . . ?
Noch einmal, bitte langsam!

A–b–r–a–m–c–z–y–c–k!

Wie schreibt man das?
Buchstabieren Sie bitte!

A wie Anton
B wie Berta
R wie Richard
. . . .

Ü1

Intonation

Guten Tag! Josef A bel. Ich heiße Fi scher. Guten Tag, Bra un.

Ich komme aus Spa nien. Ich wohne in Köln und arbeite bei Ford.

Ich komme aus Grie chenland. Und ich komme aus I talien.

Ausspracheübung (K = Konsonant, V = Vokal)

[-s + K-] aus München, aus Berlin, aus Wolfsburg, aus der Türkei, aus Griechenland
[-K + ʔ-] wer ist das?, was sagt er?, wie geht es Ihnen?, auch ein Bier?
[-V + ʔ-] Ich komme aus Italien. Sprechen Sie auch Deutsch? Ich wohne in Athen.
[-t + K-] Wie alt sind Sie? Wie schreibt man das? Wer ist das? Gut, danke.
[-ç + h-] Ich heiße Heinz. Ich heiße Josef.

Ausspracheübung

[p] Portugal, Paula, Spanien, sprechen
[b] ein Bier bitte, ein bißchen, Berlin, Hamburg, Saarbrücken; lieber, Lübeck, aber

[t] Türkei, Tag, trinken; Italien, bitte, Athen, arbeiten; es geht gut, alt, nicht
[d] danke, das, Dortmund, Deutsch; leider

[k] Köln, Kassel, Coca-Cola; Saarbrücken, Türkei, trinken, Frankfurt; Lübeck, Tag
[g] es geht ganz gut, Gerd, Gabi, Griechisch, groß

Ausspracheübung

[a] Frankreich, Deutschland, langsam, Mannheim, danke, das, ganz, Hamburg, alt
[aː] langsam, Name, Spanien, Italien, Tag, Saarbrücken, ja, aber

[ɔ] noch, Portugal, Wolfsburg, Dortmund, kommen
[oː] groß, hallo, Coca-Cola

Intonation

Wer ist das? Josef A bel. Und wer ist das?

Was sagt er? Guten Tag. Und was sagt er?

Woher kom men Sie? Aus Spa nien. Und woher kommen Sie?

Ü2 Ich heiße .....

○ Guten Tag, ich heiße Puente.

● Guten Tag, Benetti.

Ü3 Das ist .....

○ Das ist Herr Oğuz.
Frau Benetti.
Fräulein Puente.

● Sie kommen aus der Türkei?
.....

○○ Ja, aus Izmir.
.....

Ü4 Guten Tag! Wie geht's?

A ○ Hallo, Gerda! Wie geht's?
● Gut. / Ganz gut, danke. / Es geht.

B ○ Guten Tag, Frau Müller. Wie geht es Ihnen?
● Danke, gut. / Es geht, danke. / Danke, es geht.

Karin
Peter
Herr Müller
Frau Gruner
Heinz
Rolf
Inge
Herr Meier
Gerd
Frau Siegel
Klaus
Gabi

Ü5 Verzeihung, wie ist Ihr Name?

○ Guten Tag, ich heiße Decher.
● .....? Verzeihung, wie ist Ihr Name?
○ Decher.

Kiep	Decher	Lading	Kiesel	Henkel	Hauf
.....?	.....?	.....?	.....?	.....?	.....?

Ü6 Woher kommt .....?

1
2
3
4
5
6
7
8
9
10
11
12
P
GB
A
CDN
S
I
D
DDR
TR
GR
YU
E

- (A) Österreich (Austria)
- (CDN) Kanada
- (D) Bundesrepublik Deutschland
- (DDR) Deutsche Demokratische Republik
- (E) Spanien (España)
- (GB) England (Großbritannien)
- (GR) Griechenland
- (I) Italien
- (P) Portugal
- (S) Schweden
- (TR) Türkei
- (YU) Jugoslawien

Ü7

1
2
3
4
5
6
7
Peter
Josip
Josipa
Maria
Theodoros
Christos

Wer ist das?
Wie heißt er/sie?
Woher kommt er/sie?
Was trinkt er/sie?

Ist das . . . . .?
Heißt er/sie . . . . .?
Kommt er/sie aus . . . . .?
Trinkt er/sie . . . . .?

Ü8

① Stepanović
Ökcan ② / di Stefano ③ / Lamborghini ④ / Riva ⑤
Bertolucci ⑥ / Konstantinou ⑦
Georgiades ⑩ / Matuş ⑧ / Gomez ⑨ / Trumbetas ⑪

Ü9 Das "Bumm!-Spiel"

④, ⑧, ⑭ . . . . . = "bumm!" :

eins, zwei, drei, "bumm!", fünf, sechs, sieben, "bumm!", neun, zehn, elf, "bumm!", dreizehn, "bumm!", ...

WER FALSCH ZÄHLT:

vier...
äh...

Ü10

Sprechen Sie Italienisch?
Wie geht's?
Trinken Sie ein Bier?
Was nehmen Sie?
Verzeihung, wie ist Ihr Name?
Wo wohnen Sie?
Woher kommen Sie?
Wo arbeiten Sie?

Bei VW in Salzgitter.
Ein Bier, bitte.
Ich heiße Abramczyck.
Danke, gut.
Nein, leider nicht.
Aus Valencia.
Nein, lieber Cola.
In Braunschweig.

Claude Dupont
Christos Wassiliou
Nilgün Özdemir Türkei
Theodoros Stefanopoulos Griechenland
Arif Oğuz Türk
José Santos Spanien
Josip Jokovic Jugoslawien
Maria Barbieri Italien
Carmen Puente Spanien
Peter Berger LEHRER
Josipa Jokovic Jugoslawien

Kurs-Liste

Name:	Vorname:	Land:
① Puente	Carmen	Spanien
② Barbieri	Maria	Italien
③ Dupont	Claude	Frankreich
④ Stefanopoulos	Theodoros	Griechenland
⑤ Wassiliou	Christos	"
⑥ Özdemir	Nilgün	Türkei
⑦ Oğuz	Serpil	Türkei
⑧ Oğuz	Arif	Türkei
⑨ Santos	José	Spanien
⑩ Jokovic	Josip	Jugoslawien
⑪ Jokovic	Josipa	"
⑫ Rocko	....	?
⑬	....	....
⑭	....	....

Der Deutschkurs hat 12 Teilnehmer, 5 Frauen und 7 Männer. Nummer 1 ist Frau Puente aus Spanien. Maria Barbieri (Nr. 2) kommt aus Italien. Dann Herr Dupont (3); er kommt aus Frankreich. Theodoros Stefanopoulos (4) ist aus Griechenland, aus Athen. Herr Wassiliou (5) kommt auch aus Griechenland. – Dann kommt Frau Özdemir (6); sie ist aus der Türkei. Frau Oğuz (7) ist auch aus der Türkei. Sie ist nicht da, sie ist krank. Aber ihr Mann, Arif Oğuz, ist da.

. . . .

Und schließlich Nr. 12, das ist Rocko.
Woher kommt er?

Und wie heißen Sie?
Woher kommen Sie?

1. Der Satz

Carmen kommt aus Spanien.

Carmen wohnt in Köln.

Carmen arbeitet bei Ford.

Das sind Sätze.

Carmen
kommt
aus Spanien.
Carmen
wohnt
in Köln.

2. Die Satz-Teile

Carmen — komm t — aus Spanien.

3. Das Verb

PERSON	STAMM	ENDUNG
ich	arbeit-	e
du	komm-	st
Sie	komm-	en
er / sie / es	wohn- / heiß- / trink-	t

er
sie
es

	arbeiten		çalışmak		trabajar		ἐργάζομαι	
1. Person	ich	arbeite	ben	çalışıyorum	yo	trabajo	ἐγώ	ἐργάζομαι
2. Person	du	arbeitest	sen	çalışıyorsun	tu	trabajas	ἐσύ	ἐργάζεσαι
	Sie	arbeiten	siz	çalışıyorsunuz	Ud.	trabaja	ἐσεῖς	ἐργάζεστε
3. Person	er sie es	arbeitet	o	çalışıyor	él ella	trabaja	αὐτός αὐτή αὐτό	ἐργάζεται

4. Der Aussagesatz

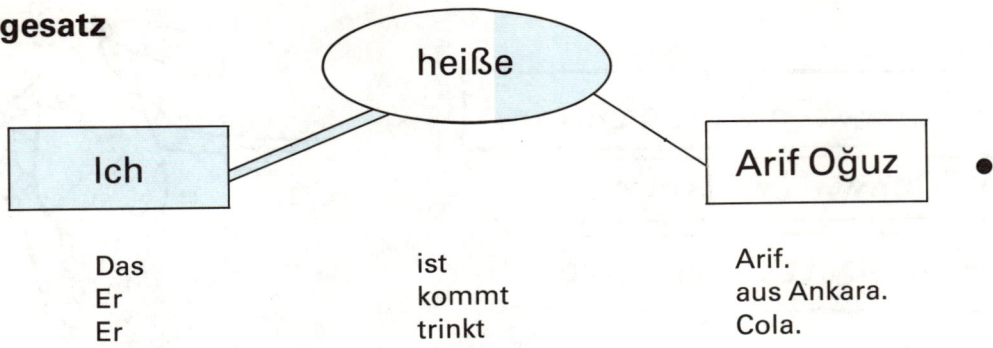

Ich	heiße	Arif Oğuz	.
Das	ist	Arif.	
Er	kommt	aus Ankara.	
Er	trinkt	Cola.	

5. Die Wortfrage

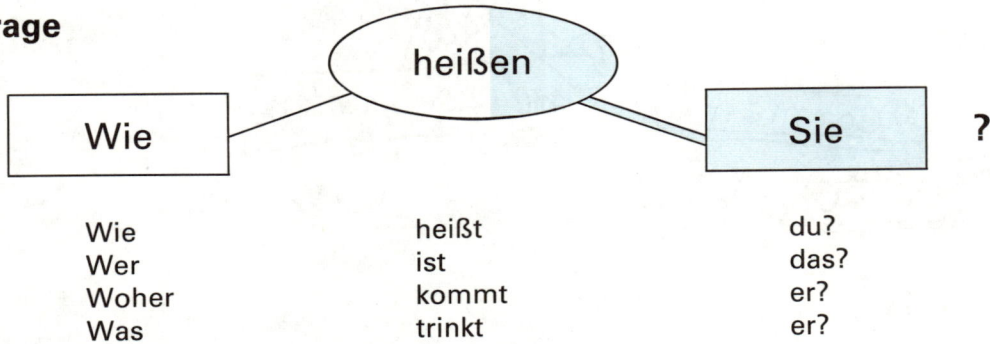

Wie	heißen	Sie	?
Wie	heißt	du?	
Wer	ist	das?	
Woher	kommt	er?	
Was	trinkt	er?	

6. Die Satzfrage

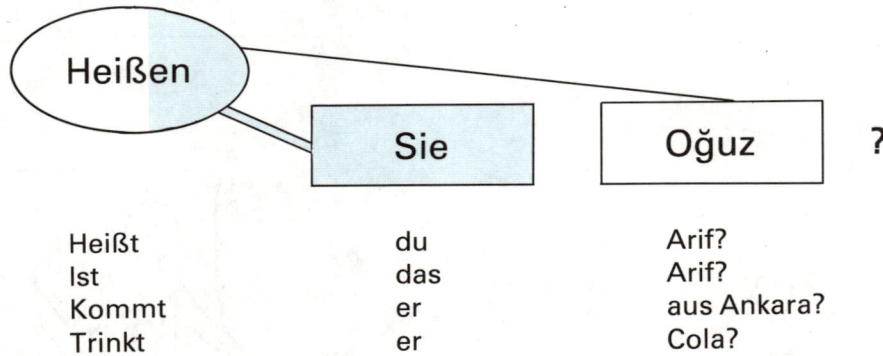

Heißen	Sie	Oğuz	?
Heißt	du	Arif?	
Ist	das	Arif?	
Kommt	er	aus Ankara?	
Trinkt	er	Cola?	

7. Zahlen 0–300

0: null				
1: eins	10: zehn	100: (ein)hundert	11: **elf**	21: ei**n**undzwanzig
2: zwei	20: zw**an**zig	200: zweihundert	12: zw**ölf**	22: zweiundzwanzig
3: drei	30: drei**ß**ig	300: dreihundert	13: dreizehn	23: dreiundzwanzig
4: vier	40: vierzig		14: vierzehn	24: vierundzwanzig
5: fünf	50: fünfzig		15: fünfzehn	25: fünfundzwanzig
6: sechs	60: se**ch**zig		16: se**ch**zehn	26: sechsundzwanzig
7: sieben	70: sie**b**zig		17: sie**b**zehn	27: siebenundzwanzig
8: acht	80: achtzig		18: achtzehn	28: achtundzwanzig
9: neun	90: neunzig		19: neunzehn	29: neunundzwanzig

8. A, B, C . . . . .

Deutsche Buchstaben

A Ä	a ä	(a) (ä)
B	b	(be)
C	c	(tse)
D	d	(de)
E	e	(e)
F	f	(eff)
G	g	(ge)
H	h	(ha)
I	i	(i)
J	j	(jott)
K	k	(ka)
L	l	(ell)
M	m	(emm)
N	n	(enn)
O Ö	o ö	(o) (ö)
P	p	(pe)
Q	q	(ku)
R	r	(err)
S	s ß	(ess) (ess-tsett)
T	t	(te)
U Ü	u ü	(u) (ü)
V	v	(fau)
W	w	(we)
X	x	(iks)
Y	y	(üpsilon)
Z	z	(tsett)

Türkische Buchstaben

Ç	ç
	ğ
I	ı
Ş	ş

Serbokroatische Buchstaben

Č	č	Lj	lj
Ć	ć	Nj	nj
Dž	dž	Š	š
Đ	đ	Ž	ž

...und Ihre Sprache?

Ü1

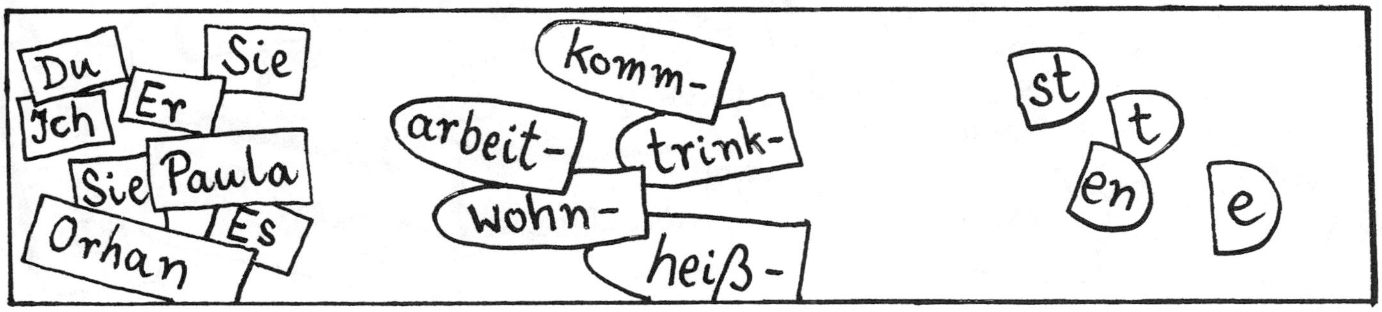
Du
Sie
Ich
Er
Sie
Paula
Es
Orhan
komm-
arbeit-
trink-
wohn-
heiß-
st
t
en
e

Ü2

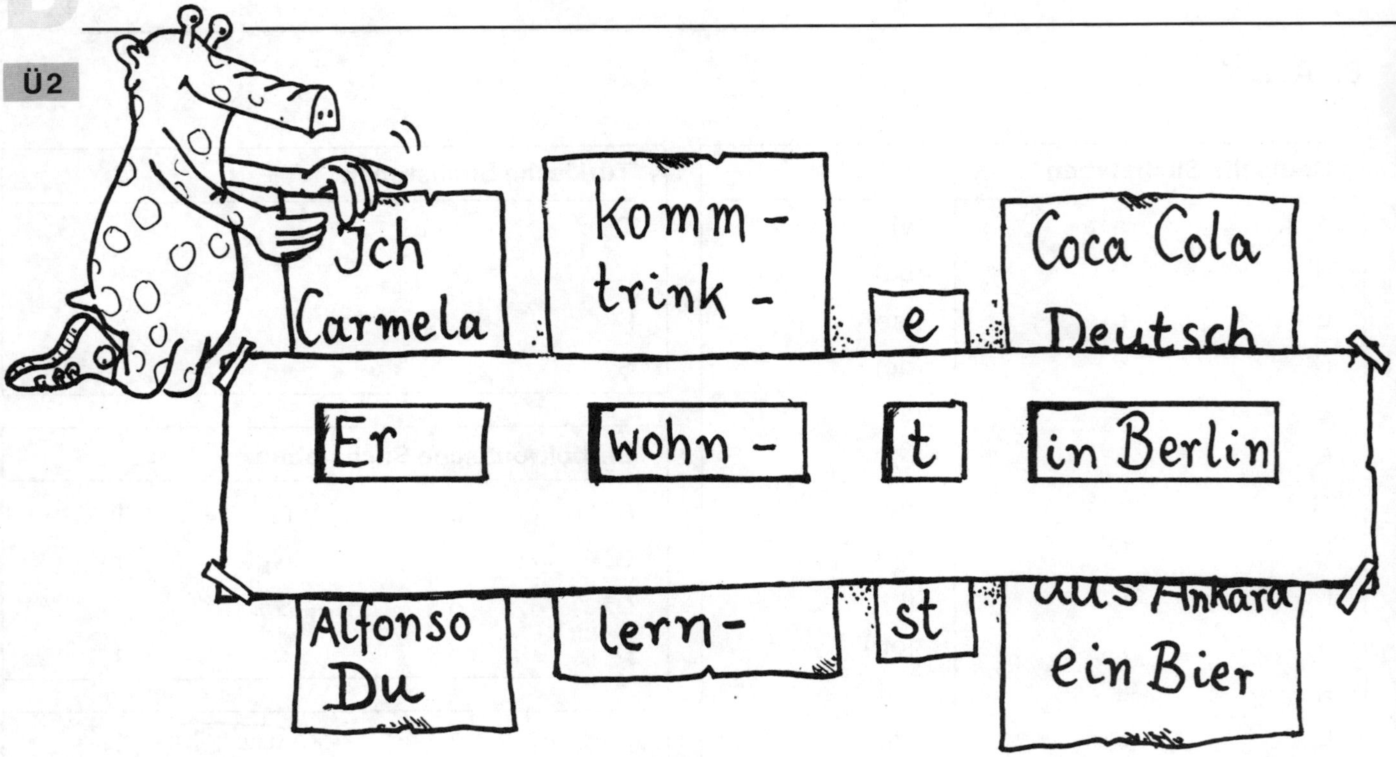
Ich
Carmela
komm-
trink-
e
Coca Cola
Deutsch
Er
wohn-
t
in Berlin
Alfonso
Du
lern-
st
aus Ankara
ein Bier

Ü3

bei Ford Sie heiße in Köln
Deutsch Ich Wie Mehmet Coca-Cola
wohne Woher trinkt heißen sprechen
Theodoros Sie kommen Ich das Sie
arbeitet aus Angelo Carmen ist Italien

Ü4

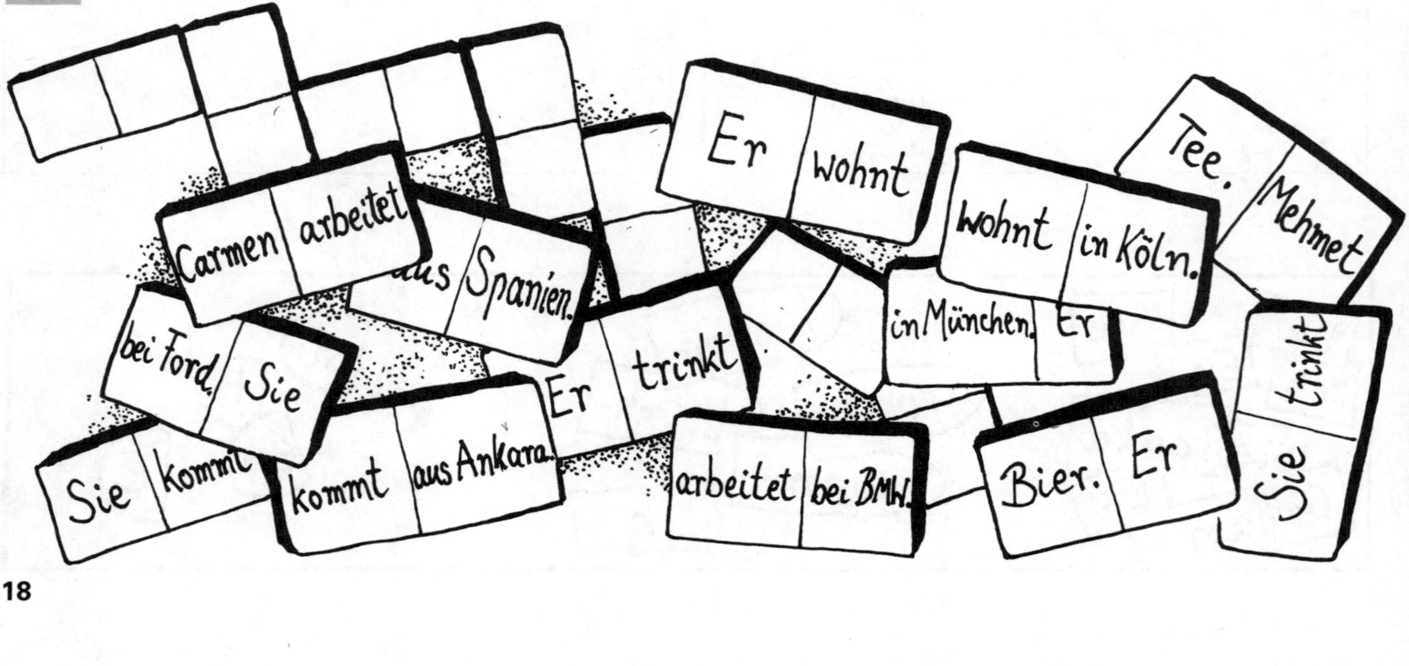
Carmen
arbeitet
aus
Spanien.
bei Ford.
Sie
Er
trinkt
Sie
kommt
kommt
aus Ankara.
Er
wohnt
wohnt
in Köln.
Tee.
Mehmet
in München.
Er
arbeitet
bei BMW.
Bier.
Er
Sie
trinkt

Ü5

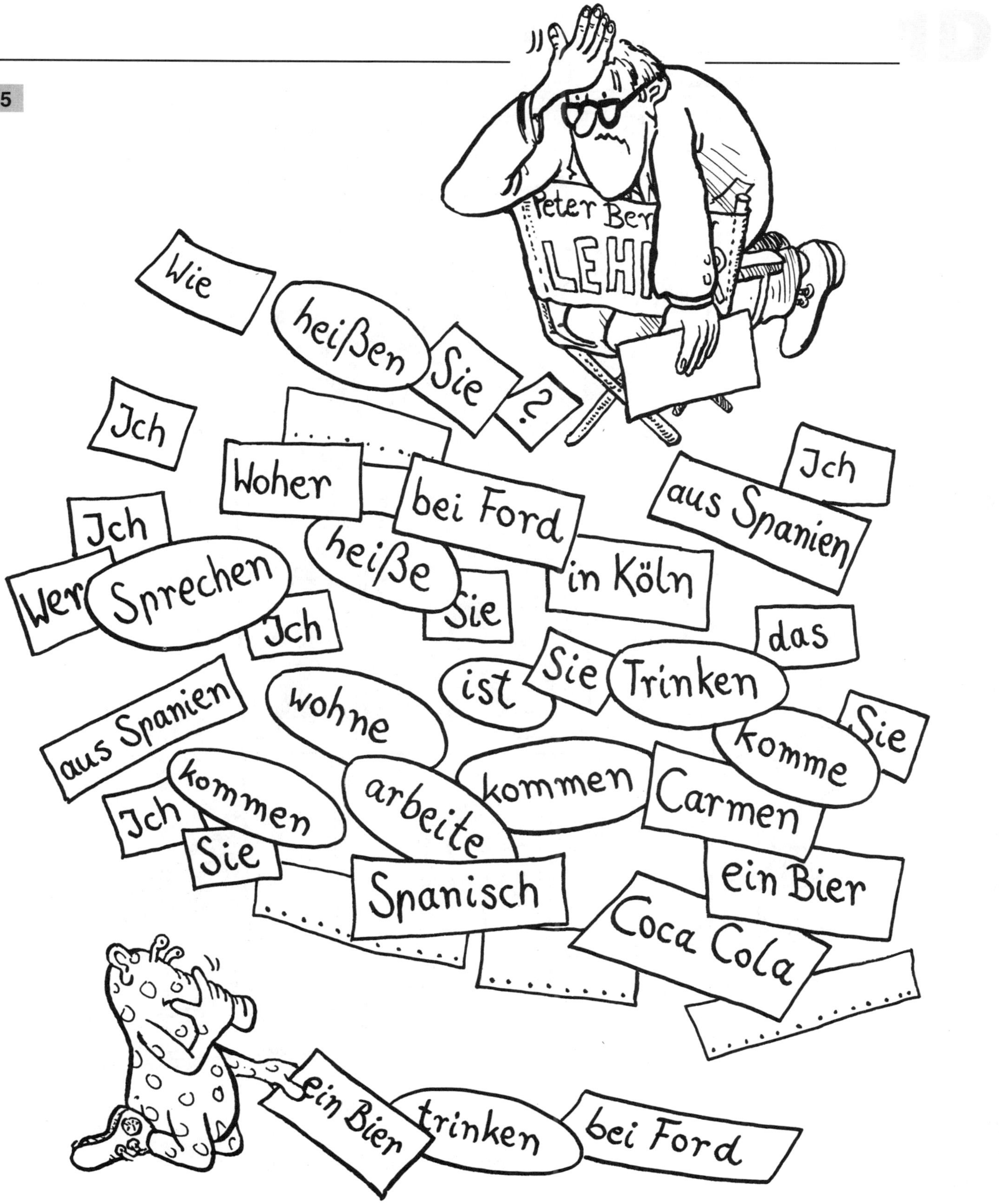

Peter Ber
LEH
Wie
heißen
Sie
?
Jch
Woher
bei Ford
Jch
aus Spanien
Jch
Wer
Sprechen
heiße
Sie
in Köln
Jch
das
aus Spanien
wohne
ist
Sie
Trinken
Sie
komme
Jch
kommen
arbeite
kommen
Carmen
Sie
Spanisch
ein Bier
Coca Cola
ein Bier
trinken
bei Ford

Ü6

MehmetkommtausAnkara. ErarbeitetbeiFordinKöln. CarmensprichtgutDeutsch. SiekommtausSpanien. DasistAngeloBenettiausItalien. ErtrinktBier. TheodorostrinktCoca-Cola. SprechenSieGriechisch? WoherkommenSie? WieheißenSie? DerDeutschkurshatzwölfTeilnehmer. FrauOğuzistnichtda. Sieistkrank. DasistRocko. Woherkommter?

ZOO
PAL
PAL
PAL

Oben ist das Leben bunt,

unten wohnt ein armer Hund.

Links wohnt Müller, **rechts** wohnt Meier,

in der Mitte wohnt ein Bayer.

Vorne ist ein kleiner Zoo, **hinten** ist ein deutsches Klo.

Wie heißt das auf deutsch?

1

A	B	C	D	E

OLYMPIA
Coca Cola

1
2
3
4
5

Wie heißt das auf türkisch?
Wie heißt das auf spanisch?
Griechisch
Spanisch
Türkisch

2A Was ist das? / Möchten Sie . . . . .?

2

Nr. 14, wie heißt das auf deutsch?
"Stuhl"
7
8
6
4
3
2
9
14
10
5
12
11
1
13
15

Wie heißt das auf deutsch?	"Stuhl".	Nr. 14, was ist das?	Ein Stuhl.
	Das heißt "Stuhl".		Das ist ein Stuhl.
		Und Nr. 11?	Ich weiß nicht.

3

Möchten Sie ein Glas Tee? Eine Zigarette?
Ja, gerne! Nein, danke!
Samsun

(Möchten Sie)	eine Tasse Kaffee?	Ja, gerne!
	ein Glas Tee?	Ja, bitte!
	eine Zigarette?	Nein, danke!
	eine Zigarre?	Nein, vielen Dank!

4

Speisen:

eine Gulaschsuppe	DM 2.7o
ein Paar Würstchen mit Brot	DM 2.7o
eine Bratwurst	DM 1.8o
ein Schinkenbrot	DM 2.8o
ein Käsebrot	DM 2.3o
ein Hamburger	DM 1.8o
eine Portion Pommes Frites	DM 1.3o

Getränke:

ein Glas Tee	DM 1.5o
eine Tasse Kaffee	DM 1.8o
ein Kännchen Kaffee	DM 3.5o
ein Glas Milch	DM 1.oo
eine Dose Cola	DM 1.3o
ein Viertel Wein	DM 3.8o
eine Flasche Bier	DM 1.6o
eine Flasche Sprudel	DM o.9o

Coca
MARTINI
Mensch, ich habe Hunger!
Ich auch, aber wir haben nur 5 Mark.
Ja, bitte?
Nehmen wir 2 Hamburger und eine Flasche Bier?
Das ist zuviel! Das macht 5,20!
Dann essen wir . . .
nur 1,80
stern
PLAYBOY
BILD
SAUBER!

Ich habe Hunger! Durst!	Ich auch. Ich nicht.
Nehmen wir Essen wir . . . . . ? Kaufen wir	Gut./O.K. Das geht nicht. Das ist zuviel. Das ist zu teuer.
Was kostet . . . . . ? Was macht das ?	Die kostet 1,80 DM. Eine Mark achtzig.

Ja, bitte?
Was möchten Sie?

5 Die Uhrzeit

①		8.00 20.00	acht Uhr zwanzig Uhr	
②		8.05 20.05	acht Uhr fünf zwanzig Uhr fünf	fünf (Minuten) nach acht
③		8.15 20.15	acht Uhr fünfzehn zwanzig Uhr fünfzehn	fünfzehn (Minuten) nach acht/ Viertel nach acht
④		8.30 20.30	acht Uhr dreißig zwanzig Uhr dreißig	halb neun
⑤		8.35 20.35	acht Uhr fünfunddreißig zwanzig Uhr fünfunddreißig	fünfundzwanzig (Minuten) vor neun/ fünf (Minuten) nach halb neun
⑥		8.45 20.45	acht Uhr fünfundvierzig zwanzig Uhr fünfundvierzig	fünfzehn (Minuten) vor neun/ Viertel vor neun
⑦		8.55 20.55	acht Uhr fünfundfünfzig zwanzig Uhr fünfundfünfzig	fünf (Minuten) vor neun

Wie spät ist es? Wieviel Uhr ist es?	(Es ist) acht Uhr fünfzehn. fünfzehn Minuten nach acht. Viertel nach acht. fünf vor neun.

6 Namen und Telefonnummern

○ Decher!

● Hallo, ist dort Deppe?

○ Nein, D-e-ch-e-r!

● 7207?

○ Nein, **204**!!

● Oh, Entschuldigung!

Kirtorf
(0 66 35)

Teilnehmer s. auch Neustadt Hess
Abkürzungen für Ortsnamen
(Ant) – Antrifttal

Notrufe	
Überfall, Verkehrsunfall	
Alsfeld (0 66 31) üb.	**7 65**
Rettungsdienst, Erste Hilfe	
Alsfeld (0 66 31) üb.	**7 91**
Fernsprechansagedienst	
Aktuelles aus dem Gesundheitswesen	**01 16 02**
Börsennachrichten	**0 11 68**
Fernsehprogramme	**<01 16 03>**
Fernsprech-nachrichtendienst	**0 11 65**
Fußballtoto	**0 11 61**
Czupalla Norbert Elektrotechniker AlsfelderTor 23	**4 25**
Dächer Johannes Landw. Ober-Gleen	**71 81**
Decher Martin Lehrbach	**4 45**
Decher Willi AlsfelderTor 26a	**2 04**
Deppe Albert Erbenhausen	**72 07**
Dick Toni Ober-Gleen	**4 16**
Dietz Willi Obergleen	**71 33**
Ditschler Helmut Ober-Gleen	**71 79**
Ditschler Karl AlsfelderTor 42	**4 74**
Döll Otto Heimertshausen	**71 92**
Dörr Albrecht Lehrbach	**4 51**
Dörr Friedel LandMasch. Heiz. Lehrbach	**3 59**
Dörr Georg Mühle Obergleen	**3 54**
Dümmler Erhard	**4 38**
Hartmann Otto KG Lebensmittel	**2 05**
Hauf Otto	**3 01**
Hauf Wilhelm MarburgerStr.49	**4 96**
Heinemann Evelin Lehrbach	**4 54**
Henkel Wilhelm Revierförster i.R. Lehrbach	**4 20**
Hilka Franz Heimertshausen	**71 87**
Hill Christoph Elektro-Spenglerei Ohmes	**2 96**
Hill Emil Kolonialwaren Ohmes	**3 84**
Hill Hermann (Ant) Schulstr.21	**71 31**
Hill Karl ViehHdlg. (Ant) RuhlkirchenerWeg 9	**71 50**
Hill Rudi Landw.Mstr. (Ant) KirtorferStr.8	**4 66**
Hipp Hansjörk	**71 69**

7

MILCH + BUTTER
Sonderangebot
Hackfleisch (gem.) 500 gr. 4,25 DM
Kotelett (Schwein) 100 gr. 1,08 DM
Schmorbraten 500 gr. 5,10 DM
Tomaten 500 gr. 2,15 DM
Schokolade 1 Tafel 0,98 DM
frischer Fisch!
Landeier
Stück 0,33 DM
10 St. 3,– DM
Cornflakes
Salat-öl
500 gr. 0,88 DM
500 gr. 1,65 DM
OBST + GEMÜSE
Kartoffeln
Coca Cola
RÜLPS KG.

○ . . . . .

● Haben Sie Oliven?

○ Nein, heute nicht.

● Tomaten?

○ Ja, hier.

● Ein Kilo, bitte.

○ Die oder die?

● Die hier.

○ Alles?

● Ja, danke.

○ 44 Mark 20 alles zusammen.

● Wie bitte?

○ 44 Mark 20!

● . . . . .

Haben Sie Oliven/Tomaten/Eier?	Ja, hier. Nein, heute (leider) nicht.
Die oder die? Das oder das?	Die hier. Das da.

2B

Ü 1

Was ist das?

Das ist ...
Nein, das ist .....

ein Kuli? ein Füller? ein Tisch? ein Bild? ein Stuhl?

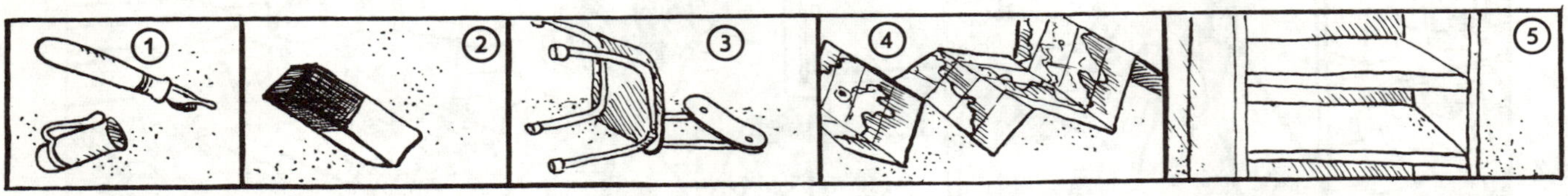

ein Tonbandgerät? ein Buch? ein Heft? eine Tasche? ein Tageslichtprojektor?

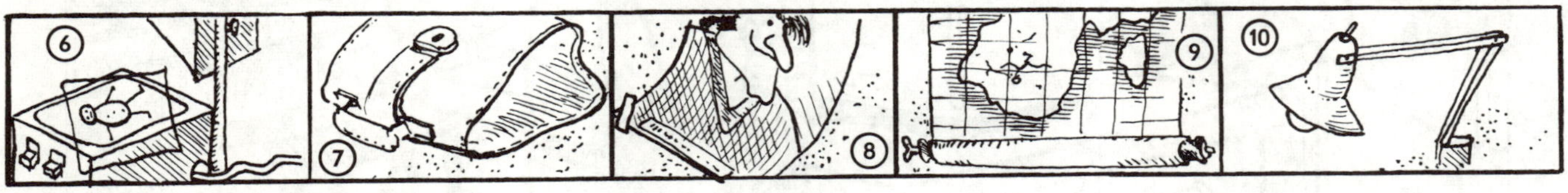

Ü 2

○ Wie heißt das auf deutsch?

● Das heißt .....

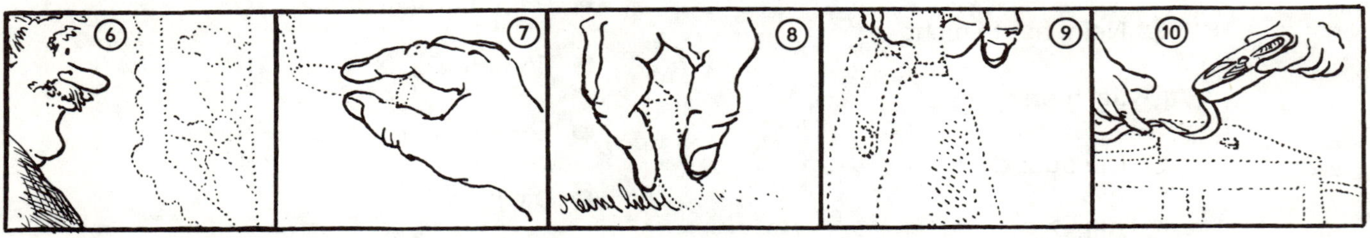

Ü 3

Was möchten Sie?

○ Möchten Sie .....?

● Nein, danke!
Nein, vielen Dank!
Ja, gerne!
Ja, bitte!
Nein, lieber .....

○ Mit .....?

● Nein, danke!
Ja, bitte!

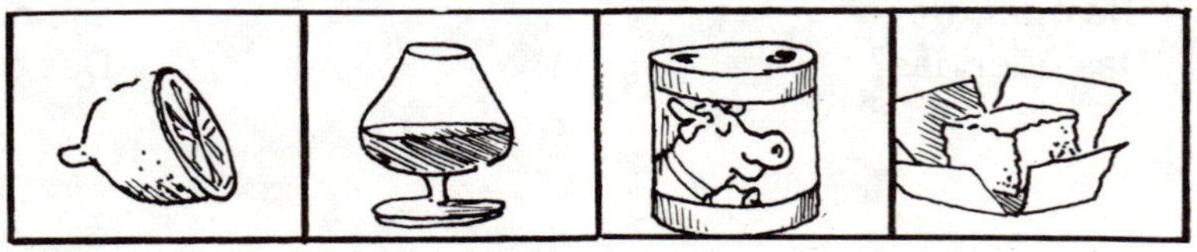

Ü 4 Was trinken Sie?

○ Guten Tag. Ja, bitte?
● Ein Bier, bitte.

TEE

Und was nehmen Sie?

○ Guten Abend.
● Bitte ein Paar Würstchen mit Brot.
○ Und was trinken Sie?
● Ein Bier.

Ü 5 Was macht das, bitte?

○ Herr Ober, was macht das? ● Das macht vier Mark dreißig.

2,70	2,70	2,80	2,30	1,80	1,30
1,60	3,80	1,50	1,30	0,90	1,80
4,30					

Ü 6 Intonation

Wer ist das? Was sagt er?
Sie kommen aus Spanien?
Sprechen Sie Spanisch?

Wie ist Ihr Name?
Sie wohnen in Köln?
Trinken Sie ein Bier?

Woher kommen Sie?
Sie arbeiten bei Ford?
Trinken Sie auch ein Bier?

Ü7

Ausspracheübung

[iː] Bier, vier, vielen, wir, Sie, sieben, siebzehn
[ɪ] trinken, mit, nicht, Bild, bitte, Viertel, vierzehn, ist, ich
[eː] nehmen, Kaffee, Café, Tee, zehn, dreizehn, Italienisch
[ɛ] sechzehn, Kännchen, gerne, Heft, elf, Entschuldigung, essen
[ɛː] Gerät, gefährlich, Käse

Ü8

Ausspracheübung

[f] vier, viel, Füller, fünf, Verzeihung, Ford, Frankfurt, Frau, Flasche;
auf, Düsseldorf, Heft

[v] wie, Würstchen, wer, was, woher; zwanzig, zwei, Schweden;
Oliven

[s] Tasse, dreißig, kostet;
alles, das, Glas, weiß, aus, ist, heißt

[z] Sie, sieben, sechzehn, zusammen;
Käse, Dose

[ts] Zigarette, zehn, zu, zwölf, zwanzig, zwei;
vierzig, Verzeihung, Kerze, Portion;
wie geht's, Schweiz, Heinz

Ü9

Ja bitte?

○ Guten Tag. Ja, bitte?
● Ein Heft, bitte.
○ Das hier kostet eine Mark zwanzig und das hier achtzig Pfennig.
● Das zu achtzig Pfennig, bitte.

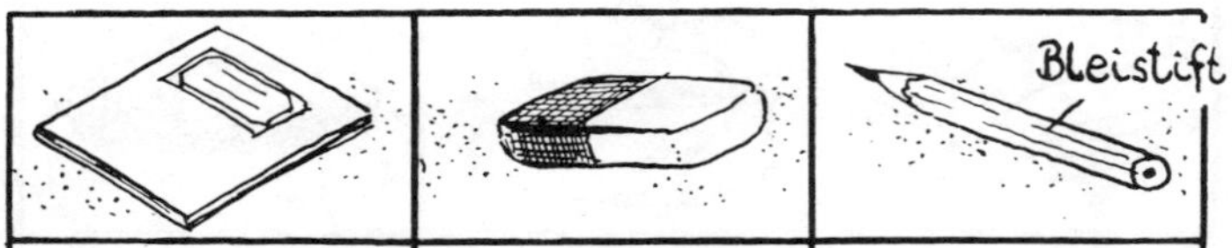
Bleistift

DM 1,20 DM 0,80	DM 0,90 DM 0,60	DM 1,50 DM 1,10

DM 6,80 DM 1,50	DM 58,90 DM 22,50	DM 12,90 DM 6,80

Ü10

Wie spät ist es? / Wieviel Uhr ist es?

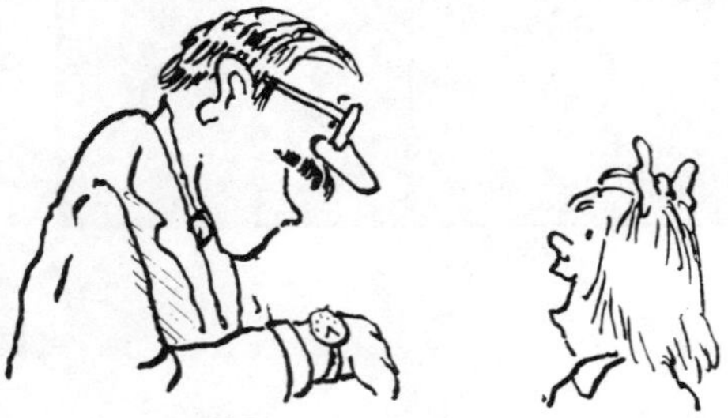

○ Verzeihung, wie spät ist es?
● Fünf nach zehn.
○ Danke.

7.15	7.30	6.10	6.50	8.00	8.05	12.25	12.45	13.08	13.28	22.30
10.20	11.15	9.30	10.35	2.40	3.45	4.55	16.20	17.30	19.00	20.35

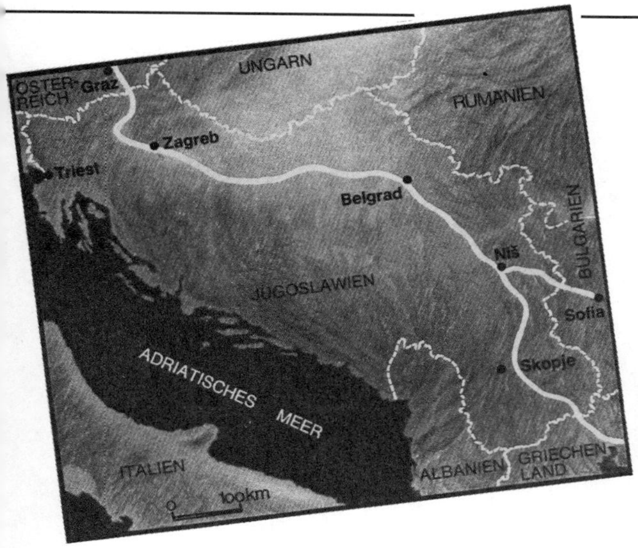
ÖSTER-
REICH
Graz
UNGARN
RUMÄNIEN
Zagreb
Triest
Belgrad
BULGARIEN
Niš
JUGOSLAWIEN
Sofia
Skopje
ADRIATISCHES MEER
ITALIEN
ALBANIEN
GRIECHEN-
LAND
0
100km

Der Autoput

◀ Das ist der "Autoput", die Autobahn durch Jugoslawien.
Die Straße ist lang: 1200 Kilometer.

Die Autos sind voll: Koffer, Pakete, Taschen, Tüten, Kartons.
Die Menschen sind müde.
Die Fahrt ist lang. ▶

70
LB NU 853
LU SU 359

◀ Die Straße ist schlecht.
Der Verkehr ist stark.

Ein Unfall: Das Auto ist kaputt. ▶
Der Motor ist kaputt,
die Motorhaube,
die Stoßstange,
die Lampe,
der Kotflügel.

M EA 207

1. Der unbestimmte Artikel – der bestimmte Artikel

ein Eimer

eine Tasche

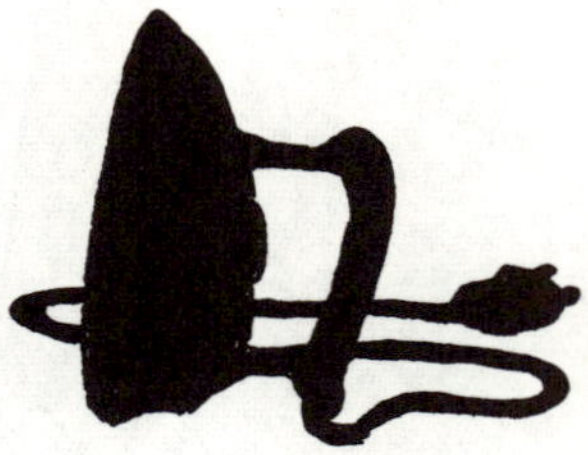

ein Bügeleisen

der Eimer ist blau

I
Anna M.

die Tasche ist aus Italien

das Bügeleisen ist heiß

José
Anna
E
I

Da ist **ein** Mann.
Da ist **eine** Frau.

Der Mann heißt José.
Die Frau heißt Anna.

2. Substantive und Artikel

Eimer *m* kova, gerdel; ~**weise** kova, kova.

Bügel *m* 1. kavis şeklinde ağaç *veya* demirden bir parça 2. (*Steig~*) üzengi 3. (*Kleider~*) elbise askısı 4. (*Henkel*) kulp 5. (*e-r Schnalle*) köprü 6. (*Steigeisen*) krampon 7. (*zur Stromabnahme*) arş; ~**eisen** *n* ütü; ~**falte** *f* ütü (çizgisi), pli; ~**n** (*-le*) ütülemek.

Tasche *f* 1. (*in der Kleidung*) cep 2. (*Hand~*, *Reise~*, *Schul~*) el (yol, mektep) çantası 3. (*Beutel*) kese, torba; *ich habe es in der ~* F çantada keklik.

m = Maskulinum:	der ein	Eimer
n = Neutrum:	das ein	Bügeleisen
f = Femininum:	die eine	Tasche

3. Fragen: Personen und Sachen

WER? → PERSON

Wer ist das? – **José.**
Anna.
Herr Santos.

WAS? → SACHE

Was ist das? – **Ein Stuhl.**
Ein Glas.
Eine Tasche.

4. Das Verb und die Ergänzungen

José
Anna
E
I

WER?

Sie — heißt — Anna .

Er — heißt — José .

Nominativ
(Subjekt)

Genauso:
sein

Das ist Anna.

WER?

Sie — kommt — aus Italien .

Er — kommt — aus Spanien .

Nominativ
(Subjekt)

Genauso:
sein

Sie ist aus Italien.

WER?

Sie — trinkt — Kaffee .

Er — raucht — eine Zigarette .

Nominativ
(Subjekt)

Genauso:
haben
nehmen
essen
kaufen
(möcht-)

Ü1 **"der", "das" oder "die"?**
Sortieren Sie. Benutzen Sie das Lexikon.

der
das
die
der Ball
das Fahrrad
die Schere

Ü2 **Sortieren Sie auch die Sachen aus 2A2.**

Ü3 ein/eine/ein – der/die/das

Da ist . . . . . Mann und . . . . . Frau. . . . . . Mann heißt José. . . . . . . Frau heißt Anna. . . . . . Mann trinkt . . . . . Glas Cola und raucht . . . . . Zigarette. . . . . . Frau trinkt . . . . . Tasse Kaffee. . . . . . Frau hat . . . . . Tasche. . . . . . Tasche hat . . . . . "I". . . . . . Tasche von José hat . . . . . "E". . . . . . Frau kommt aus Italien. . . . . . Mann kommt aus Spanien.

Ü4

	ein	ein	eine		Der	Das	Die	
Da ist			X	Tasche.			X	Tasche ist aus Italien.
				Gitarre.				Gitarre . . . .
				Radio.				Radio . . . .
				Fahrrad.				. . . . .
				Uhr.				. . . . .
				Ball.				. . . . .
				Schreibmaschine.				. . . . .
				Eimer.				. . . . .
				Stuhl.				. . . . .
				Tonbandgerät.				. . . . .
				Tageslichtprojektor.				. . . . .
				Bild.				. . . . .
				Glas Bier.				. . . . .
				Zigarette.				. . . . .
				Käsebrot.				. . . . .
				Flasche Cola.				. . . . .
				Kännchen Kaffee.				. . . . .
				Bratwurst.				. . . . .
				Hamburger.				. . . . .
				Füller.				. . . . .
				Buch.				. . . . .
				Pinsel.				. . . . .
				Bügeleisen.				. . . . .

Ü5 Wer ist das? Was ist das?

Beispiel: Das ist José. – Wer ist das?
Das ist ein Bügeleisen. – Was ist das?

Aufgabe: Das ist ein Radio. – Das ist Anna. – Das ist eine Gitarre. – Das ist eine Tasse Kaffee. – Das ist Carmen Puente. – Das ist Rocko. – Das ist eine Kurs-Liste. – Das ist Herr Berger. – Das ist ein Satz. – Das ist ein Verb. – Das ist eine Zahl. – Das ist Josipa. . . . . .

Ü6 Was ist das? – *Ein* Füller. / *Ein* Heft. / *Eine* Tasche.

Was ist das? – (Füller), (Lampe), (Tageslichtprojektor), (Flasche Bier), (Landkarte), (Glas Tee), (Tonbandgerät), (Pinsel), (Hamburger) . . . . .

2E

„Ich heiße Christine Westphal. Ich bin 26 Jahre alt und habe zwei Kinder. Wir sind vier.

Wir brauchen im Monat etwa 2.400 Mark. Die Miete ist sehr teuer: 700 Mark für eine Dreizimmerwohnung, und dann noch Heizung.

Mein Mann ist Angestellter. Er verdient im Monat 2.500 Mark netto.

Ich bin Krankenschwester. Aber ich arbeite zur Zeit nicht im Krankenhaus. Die Kinder sind noch zu klein.“

ATOMKRAFT?
NEIN DANKE

Wir brauchen für .....

.....	Essen und Trinken	600,-
.....	Miete, Strom, Wasser	700,-
.....	Auto, Fahrtkosten	250,-
.....	Möbel, Hausrat	150,-
.....	Kleidung	180,-
.....	Zeitung, Kino, Fernsehen	90,-
.....	Reisen	120,-
.....	Gesundheit, Körperpflege	90,-
.....	Sonstiges	220,-
		2400,-

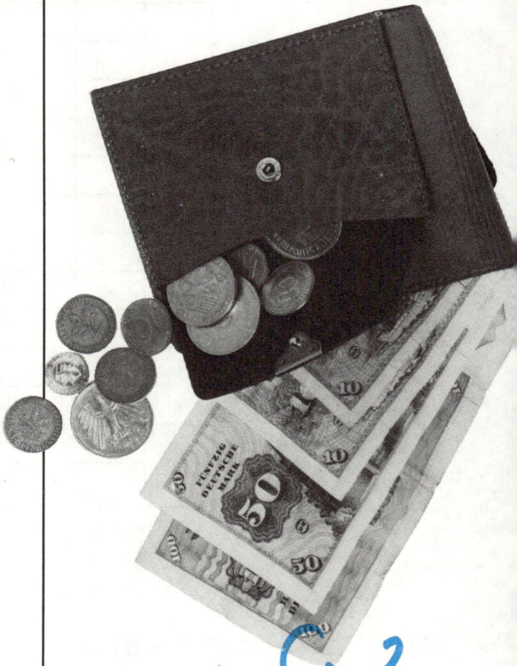

und Sie?

Ich	habe verdiene brauche zahle	.....	Mark im Monat	(für .....).

1

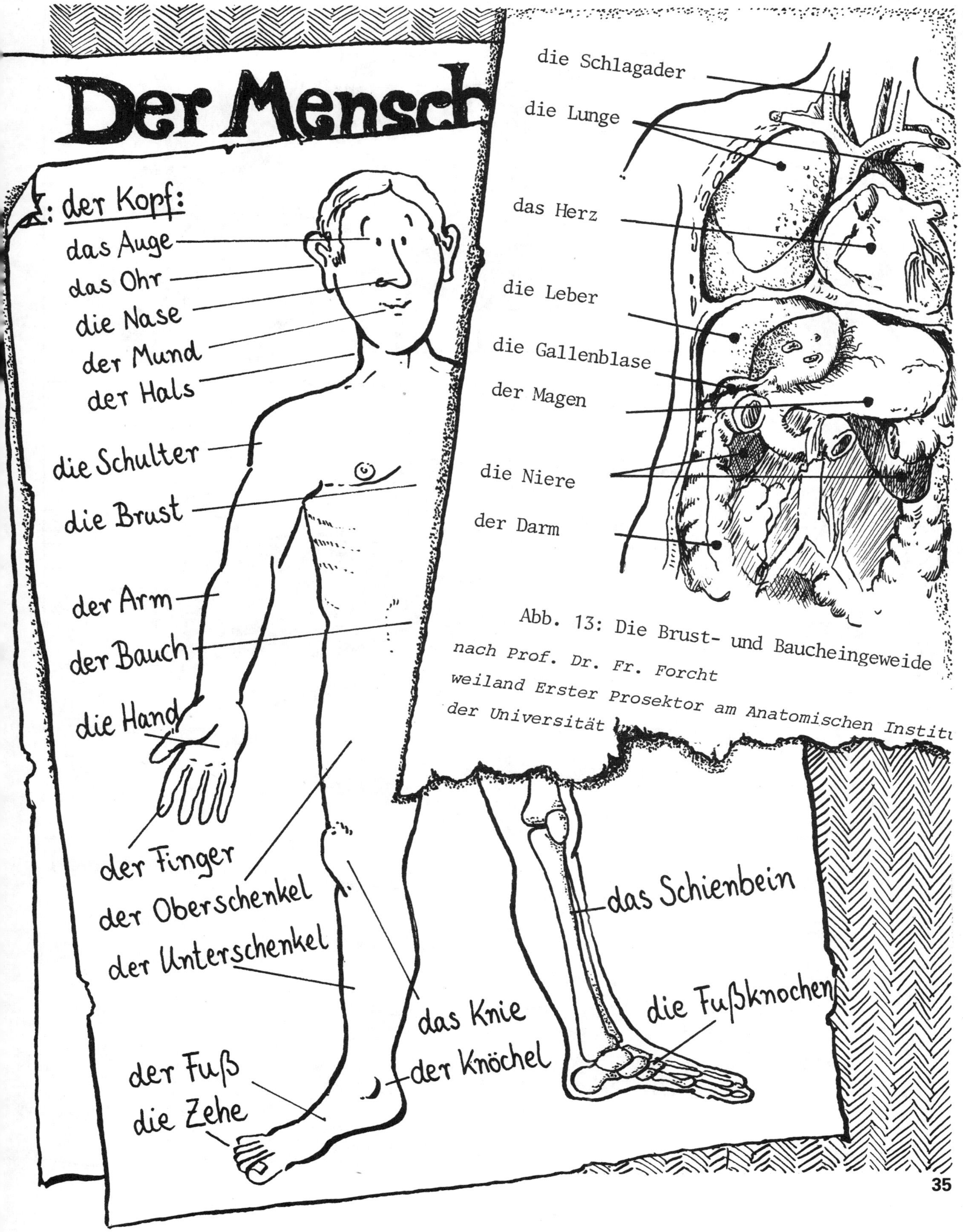
Der Mensch
1: der Kopf:
das Auge
das Ohr
die Nase
der Mund
der Hals
die Schulter
die Brust
der Arm
der Bauch
die Hand
der Finger
der Oberschenkel
der Unterschenkel
das Knie
der Knöchel
der Fuß
die Zehe
das Schienbein
die Fußknochen
die Schlagader
die Lunge
das Herz
die Leber
die Gallenblase
der Magen
die Niere
der Darm
Abb. 13: Die Brust- und Baucheingeweide
nach Prof. Dr. Fr. Forcht
weiland Erster Prosektor am Anatomischen Institu
der Universität

"Arbeitsunfähig"

2

Arbeitsunfähigkeitsbescheinigung
zur Vorlage bei der **Krankenkasse**

AOK X	LKK	BKK	IKK	VdAK	AEV	Knappschaft

Dortmund

Name des Versicherten: Wallmann — Vorname: Paul — geb. am: 14.02.52

Arbeitgeber [Dienststelle]/Mitgl.-Nr.: Elektro-AG / Nr. 287

Wohnung des Patienten: Borsigstr. 28 a

Erstbescheinigung [X]
Folgebescheinigung [ ]

17 04 82

Arbeitsunfähig seit 20 06 82

age droht Krankengeldverlust!

Befund: schwere Gehirnerschütterung, Fußknochenfraktur

Diagnose:

[ ] *)
Dem Durchgangsarzt zugewiesen [X]
Sonstiger Unfall, sonstige Unfallfolgen [ ]
Versorgungsleiden

Es wird die Einleitung folgender besonderer Maßnahmen durch die Krankenkasse für erforderlich gehalten (z. B. Badekur, Heilverfahren, VäD)

Paul ist kaputt

3

○ Wo ist Paul?

● Der ist doch krank!

○ Krank? Was hat er denn?

●● Der Kopf ist kaputt – und das Bein auch.

○ Kaputt?

● Ja, eine Gehirnerschütterung und ein Knochenbruch.

○ Was?? Wie ist das denn passiert?

●● Gestern – – –

○ Was, gestern?

● Gestern war doch die Meisterschaft.

●● Gewichtheben!
Paul macht so – und dann päng, päng!!

○ Paul, der Gewichtheber? Der ist doch so stark!

●● Aber jetzt nicht mehr!

○ Und wie lange ist er krank?

● Vielleicht ein Jahr?

●● Ein Jahr, bestimmt! – Der Kopf ist kaputt, eine Katastrophe!

○○ Wo ist Paul?

● Der ist krank.

○○ . . . . .

Meister

4

Was fehlt Ihnen denn?

Made in Taiwan
der Schädel
die Brust
Das Herz
Notarzt: 110
LANGENSCHEIDT
DIPLOM
DER MENSCH
DIE NIERE
HACKETAL
KALTE FÜSSE
SCHNUPFEN
OHRENLEIDEN
BLASENGESCHICHTEN
HACKEPETER

Herr Fischer hat Fieber und Schmerzen, er ist krank.

○ Na, was fehlt Ihnen denn?
● Mein Hals tut weh.
○ Aha, der Hals; zeigen Sie bitte mal!
Ja, Ihr Hals ist rot. Sagen Sie mal "A"!
● AAAAA!!!
○ Tut die Brust auch weh? Hier vorne?
● Ja.
○ Haben Sie Husten?
● Etwas.
○ Das ist eine Angina lacunaris.
● Wie bitte?
○ Das ist eine Entzündung. – Tun die Ohren auch weh?
● Ja, das Ohr links.
○ Haben Sie die Schmerzen schon lange?
● Nein, erst zwei Tage.

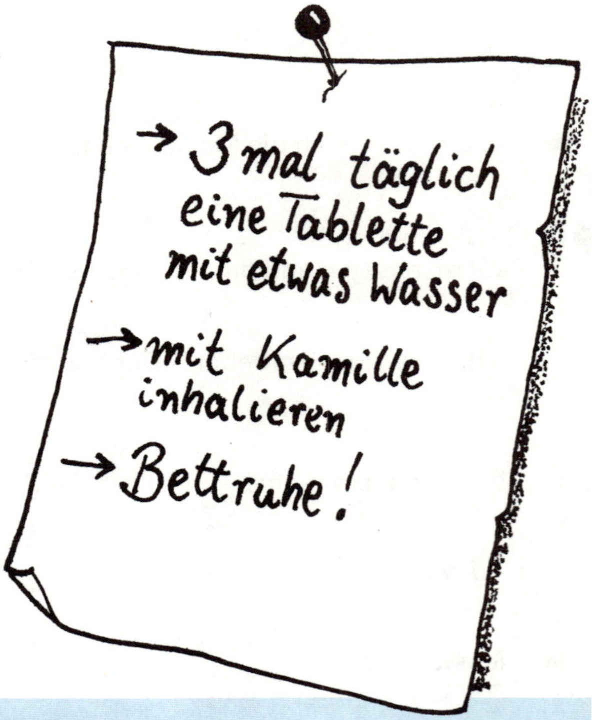
→ 3 mal täglich eine Tablette mit etwas Wasser
→ mit Kamille inhalieren
→ Bettruhe!

Der/Mein	Kopf	tut weh.
	Herz	
Die/Meine	Magen	ist nicht in Ordnung.
	Kreislauf	
Das/Mein	Bauch	funktioniert nicht.
	Darm	
	Lunge	
	Bein	
	Verdauung	

Haben Sie einen . . . . .?

BETRETEN
VERBOTEN

Haben Sie einen Angelschein?

Einen Angelschein? Nein.

Das kostet zehn Mark.

Warum?

Sie haben keinen Angelschein, darum!

Aber wir haben noch keinen Fisch!

Das ist egal. Sie angeln und haben keinen Angelschein.

Gut, wir angeln nicht mehr!

Zu spät, 10 Mark!

Sind Sie Polizist?

Nein, Parkwächter.

Haben Sie einen Ausweis?

Einen Ausweis? Nein.

. . . . .

Haben Sie **einen** Angelschein?
Ausweis?

Sie haben **keinen** Angelschein, das kostet 10 Mark.

Einen Angelschein / Ausweis? Nein.
Nein, wir haben **keinen.**

Aber wir haben noch **keinen** Fisch!

Ü1

Ausspracheübung

[ʊ] Brust, Mund, Hamburg, bunt, Butter, Bus, Wurst, Schulter, und
[u:] Sprudel, Buchstabe, Fuß, Fußball, Stuhl, Susanne, zu, Kuli, Husten, Uhr

[ʃ] Schienbein, Schinken, Schere, schön, Schokolade, schon, Schulter, Schrank, schreiben, schlecht, schlafen, Schmerz, schnell, Spanien, Spiel, schwer, Schwein, sprechen, Sprache, Sprudel; Flasche;
Spanisch, Mensch, Deutsch

[ç] sprechen, möchten, Kännchen, Würstchen;
ich, schließlich, Frankreich, nicht, Milch

Ü2

SPEISEN GETRÄNKE

○ Ich möchte / nehme / trinke / esse } einen Kaffee. / eine Bratwurst. / . . . . .

Oder:

○ Einen Kaffee, bitte!

Ü3

○ Einen Kognak?
● Nein, keinen Kognak. Ich nehme einen Kaffee.
○ Herr Ober, bitte einen Kaffee und einen Kognak!
○○ Einen Kaffee und einen Kognak.

der Kaffee
der Tee
die Bratwurst
die Gulaschsuppe
das Käsebrot
die Cola
der Apfelkuchen
der Kebab
der Wein
der Kognak
das Bier
der Hamburger
der Slibowitz
die Pizza

Ü4 **Was ist kaputt?**

die Tapete
der Spiegel
das Kabel
das Fenster
der Wasserhahn
das Waschbecken
die Wand
das Rohr
der Schrank
der Fußboden

Ü5 **Das sind keine Ohren, das sind Füße!**

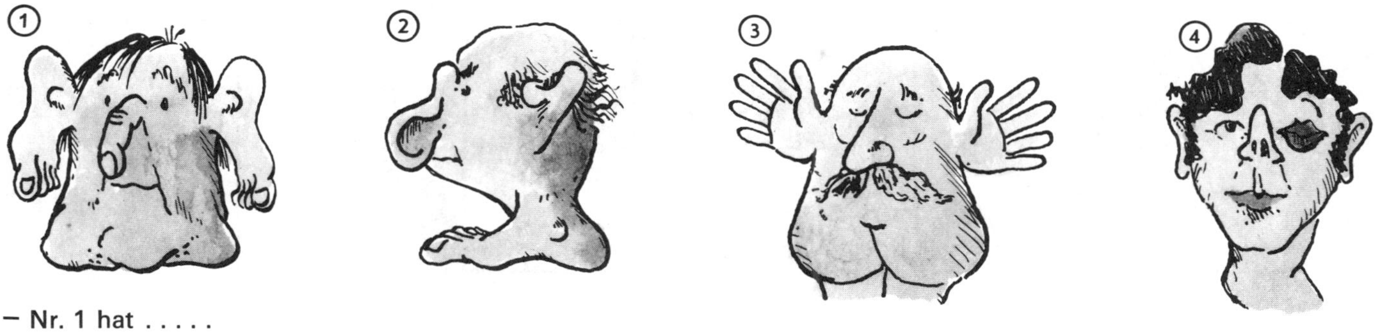
1
2
3
4

– Nr. 1 hat .....

Ü6 **Was fehlt hier?**

Nr. 2: Der Kopf fehlt. *Oder:* Nr. 2 hat keinen Kopf. .....

1
2
3
4

Ü7 Was fehlt dir?

Giuseppe ist krank.
Freund Otto kommt.

Otto:

1. Was fehlt dir?
2. Tut der Hals weh?
3. Hast du Fieber?
4. Brauchst du einen Arzt?
5. Tut die Brust weh?
6. Bist du krank?
7. Möchtest du etwas trinken?

Giuseppe:

a) Nein, ich habe kein Fieber.
b) Ich weiß nicht.
c) Ja, ich möchte ein Glas Wasser.
d) Nein, mein Kopf tut weh.
e) Ja, und der Kopf auch.
f) Nein, keinen Arzt.
g) Ich glaube, ich bin krank.

Ü8 Was fehlt Ihnen denn? Was haben Sie denn?

○ Was fehlt Ihnen denn?

● Mein . . . . .
Ich habe . . . . .

Ü9 Hallo, wie geht's?

Sehr gut, danke.
Gut, danke.
Ganz gut.
Es geht.
Schlecht.
Sehr schlecht.

○ Hallo, Susi!
Wie geht's?

● . . . .

○ Was hast du denn?

● . . . .

○ Hast du die Schmerzen schon lange?

● . . . .

Kopf	Arm	Ohren
Hals	Bein	Augen
Bauch	Knie	Füße

Einen Tag.
Erst 1, 2 Tage.
Schon 3, 4, 5 Tage.

74
ALTMETAL
Friedrich Hoffmann
Ankauf + Verkauf
im Hof

Heute ist Sonntag. Das Wetter ist schön. Die Familie macht ein Picknick.
Die Mutter trägt einen Picknickkorb. Sie hat Brote, eine Wurst, Gemüse und ein Stück Käse.
Ayşe fährt nicht mit. Sie ist krank. Sie hat Halsschmerzen.
Das Baby schläft im Auto. Das Auto ist kaputt. Der Vater repariert den Motor.
Orhan hat ein Kofferradio und hört Musik.
Tante Nurhan lacht. Onkel Tamer bringt eine Flasche Raki.

	schläft	hört Musik	ist kaputt	repariert den Motor	ist krank	macht ein Picknick	ist schön	bringt Raki	trägt einen Korb
Orhan									
Ayşe					X				
Die Familie									
Das Baby									
Die Mutter									
Onkel Tamer									
Der Vater									
Tante Nurhan									
Das Auto									
Das Wetter									

1. Präsens

Infinitiv:		kommen	arbeiten	heißen	sprechen	essen	haben	sein
Singular								
1. Person	ich	komme	arbeite	heiße	spreche	esse	habe	bin
2. Person	du	kommst	arbeitest	heißt	sprichst	ißt	hast	bist
	Sie	kommen	arbeiten	heißen	sprechen	essen	haben	sind
3. Person	er sie es	kommt	arbeitet	heißt	spricht	ißt	hat	ist
Plural								
1. Person	wir	kommen	arbeiten	heißen	sprechen	essen	haben	sind
2. Person	ihr	kommt	arbeitet	heißt	sprecht	eßt	habt	seid
3. Person	sie	kommen	arbeiten	heißen	sprechen	essen	haben	sind

Genauso: fragen, gehen, sagen, zeigen, trinken; antworten

→ 1D3

2. Singular – Plural

das Brot die Brote	der Korb die Körbe	die Portion die Portionen	der Name die Namen	der Füller die Füller	das Bild die Bilder	das Glas die Gläser	der Kuli die Kulis
– e	¨ e	– en	– n	–	– er	¨ er	– s
Lineal– e Brot– e Stück– e Arm– e Bein– e Tag– e	Körb– e Würst– e Händ– e Häls– e Bäuch– e Brüst– e Füß– e	Tageslicht- projektor– en Portion– en Ohr– en Schmerz– en Entzündung– en	Name– n Suppe– n Landkarte– n Tasse– n Flasche– n Dose– n Zigarette– n Lunge– n Auge– n Lippe– n Nase– n	Füller– Hamburger– Kännchen– Finger– Knochen– Knie– Schenkel–	Bild– er Ei– er	Gläs– er Münd– er	Kuli– s Radier- gummi– s Kognak– s Pizza– s

3. Nominativ und Akkusativ: Wer fragt wen?

Parkwächter

Mann

Haben Sie einen Angel-schein?

Der Parkwächter fragt **den** Mann.

Haben Sie einen Ausweis?

Der Mann fragt **den** Parkwächter.

4. Verben mit Akkusativ

a)

kaufen  

möchte  
CAMEL

nehmen  

reparieren  

b)

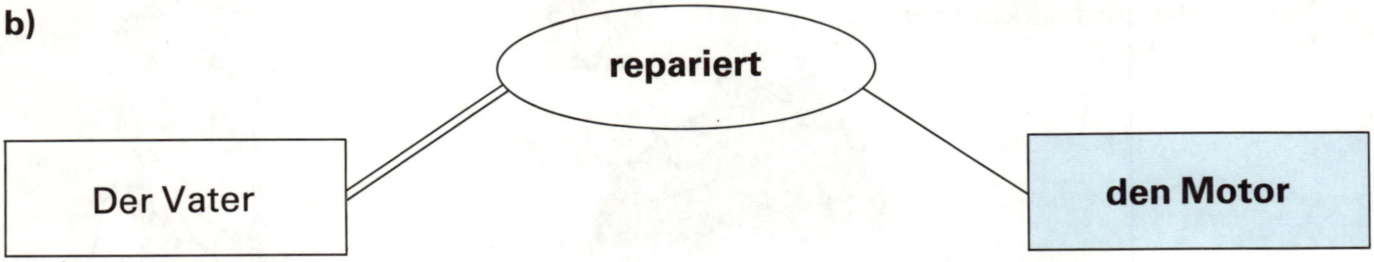
repariert
Der Vater
den Motor

Genauso: fragen
kaufen
nehmen
malen
hören
tragen
bringen
haben
sehen
essen
angeln
(möcht-)

5. Akkusativ: bestimmter und unbestimmter Artikel

Peter malt **einen** Kopf.
Er malt **einen** Mund.
Er malt **eine** Nase.
Er malt **ein** Ohr.

José

José malt Anna.
Er malt **den** Mund.
Er malt **die** Nase.
Er malt **das** Ohr.

		Nominativ		Akkusativ	
Singular	Maskulinum	**ein** Kopf/	**der** Kopf	**einen** Kopf/	**den** Kopf
	Neutrum	**ein** Ohr/	**das** Ohr	**ein** Ohr/	**das** Ohr
	Femininum	**eine** Nase/	**die** Nase	**eine** Nase/	**die** Nase
Plural	Maskulinum	Köpfe/	**die** Köpfe	Köpfe/	**die** Köpfe
	Neutrum	Ohren/	**die** Ohren	Ohren/	**die** Ohren
	Femininum	Nasen/	**die** Nasen	Nasen/	**die** Nasen

6. Nominativ/Akkusativ: kein

Herr Schubert angelt.

Da kommt ein Polizist!

Herr Schubert hat	**keinen**	Angelschein.
	kein	Geld.
	keine	Mark.

	Nominativ		Akkusativ	
Maskulinum	**kein**	Angelschein	**keinen**	Angelschein
Neutrum	**kein**	Geld	**kein**	Geld
Femininum	**keine**	Mark	**keine**	Mark

7. Das Adjektiv

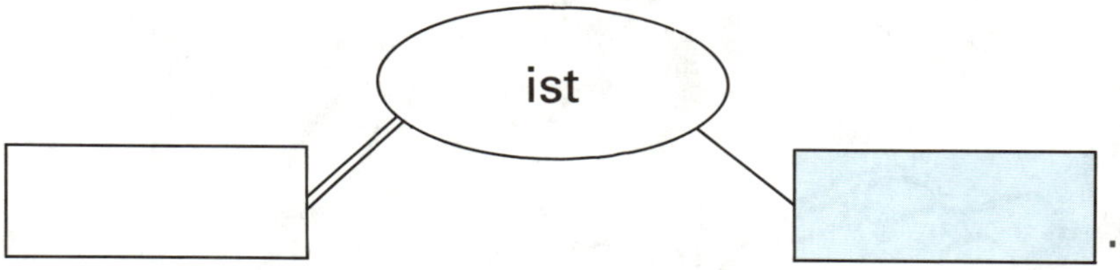
ist

Schöööön, çok güzel, bello, veoma lep, bonito, muy guapo, ωραίος

Rocko	**schön**
Paul	**stark**
Ayşe	**krank**
Der Kopf	**kaputt**
Die Türkei	**groß**
Der Hals	**rot**
Das Wetter	**schön**

8. Das Adjektiv und die Frage "Wie .....?"

Rocko	ist	**schön.**	**Wie**	ist Rocko?	–	**Schön.**
Paul	ist	**stark.**	**Wie**	ist Paul?	–	**Stark.**
Das Wetter	ist	**schön.**	**Wie**	ist das Wetter?	–	**Schön.**

Ü1

1.	Heute ist
2.	Das Wetter ist
3.	Ayşe ist
4.	Der Motor ist
5.	Rocko ist
6.	Paul ist
7.	Der Kopf ist
8.	Der Fuß ist
9.	Der Hals ist
10.	Das ist

a.	krank.
b.	kaputt.
c.	Sonntag.
d.	schön.
e.	rot.
f.	eine Entzündung.

Ü2 **Peter malt einen Topf, ein .....**

AC/DC
Susi

Ü3

1.	Haben Sie
2.	Nein, wir haben
3.	Das kostet
4.	Wir haben noch
5.	Haben Sie
6.	Die Familie macht
7.	Ayşe hat
8.	Der Vater repariert
9.	Orhan hat
10.	Orhan hört
11.	Die Mutter trägt
12.	Die Mutter hat
13.	Onkel Tamer bringt
14.	Herr Fischer hat

a.	10 Mark.
b.	keinen Fisch!
c.	einen Angelschein?
d.	Halsschmerzen.
e.	keinen Angelschein.
f.	ein Kofferradio.
g.	ein Picknick.
h.	einen Ausweis?
i.	einen Picknickkorb.
j.	den Motor.
k.	Musik.
l.	eine Flasche Raki.
m.	Schmerzen.
n.	eine Wurst und ein Stück Käse.

Ü4

Die Türkei ist büyük.	alt
Der Fisch ist molto caro.	kaputt
Das Essen ist καλό.	schön
Rocko ist lep.	groß
Der Bus ist viejo.	krank
Das Auto ist avariado.	gut
Ayşe ist hasta.	teuer

Ü5 Italien ist . . . . .

arm Die Türkei kaputt Rocko reich
Die Sonne teuer jung Der Motor Drago
gut Das Essen ist gut Spanien
krank schön Griechenland Carmela
groß Das Wetter
heiß Deutschland alt Paul warm stark

Ü6

neu – alt

teuer –

gut –

krank –

wenig –

schnell –

stark –

lang –

voll –

heiß –

spät –

groß –

Ü7 Die Sonne ist . . . . .

1 APFEL
DM 5,–

Ü 8 **Fragen Sie**

Beispiel: Der Hals ist **rot.** – **Wie** ist der Hals?

Aufgabe: Das Wetter ist schön. – . . . . . ? Paul ist stark. – . . . . . ? Carmela ist traurig. – . . . . . ? Deutsch ist schwer. – . . . . .? Ayşe ist klein. – . . . . .? . . . . .

Ü 9 **Bilden Sie Sätze**

Beispiel: **Der Arm** tut weh. – Zeigen Sie mal **den Arm.**

Aufgabe: (Hals), (Brust), (Bauch), (Knie), (Fuß), (Ohr), (Finger), (Nase), (Schulter) . . . . .

Ü 10 **Ergänzen und malen Sie**

Beispiel: Malen Sie **einen** Kopf, dann **zwei** Aug – **en,** dann . . . . .

Aufgabe: Malen Sie . . . . . Kopf, dann zwei Aug – . . . . ., dann . . . . . Nase, dann . . . . . Mund, dann zwei Ohr – . . . . ., dann . . . . . Hals, dann . . . . . Brust und . . . . . Bauch, dann zwei Arm – . . . . . und zwei Händ – . . . . ., dann zwei Bein – . . . . . und zwei Füß – . . . . .
Fehlt etwas?

Ü 11 **Ergänzen und malen Sie**

Beispiel: Malen Sie **Ihren** Nachbarn oder **Ihre** Nachbarin.

Aufgabe: Malen Sie Ihr . . . . . Nachbarn oder . . . . . Nachbarin. Malen Sie zuerst . . . . . Kopf, dann . . . . . Haar, dann . . . . . Nase, dann . . . . . Augen, dann . . . . . rechte und . . . . . linke Ohr, dann . . . . . Mund und . . . . . Hals.
Fehlt etwas?

Ü 12 **Bilden Sie Sätze**

Beispiel: Möchten Sie eine Bratwurst oder zwei **Bratwürste?**

Aufgabe: (ein Käsebrot), (ein Schinkenbrot), (einen Hamburger), (ein Glas Milch), (eine Dose Cola), (eine Flasche Bier), (ein Glas Wein), (eine Tasse Kaffee), (ein Glas Tee), (eine Zigarre)

Ü 13 **Ergänzen und antworten Sie**

Beispiel: Wie heiß – **en** Sie? – Ich **heiße Peter.**

Aufgabe: Woher komm – . . . . . du? – Ich . . . . .
Wie heiß – . . . . . sie? – Sie . . . . .
Komm – . . . . . Onkel Tamer mit? – Ja, er . . . . .
Komm – . . . . . er mit? – Ja, er . . . . .
Sprech – . . . . . ihr deutsch? – Ja, wir . . . . .
Tu – . . . . . der Hals weh? – Nein, er . . . . .

Bist **du** aus Italien? – Ja, ich **bin aus** Italien.
Seid . . . . . aus der Türkei? – Ja, wir . . . . .
Ist . . . . . aus Jugoslawien? – Nein, er . . . . .
Sind . . . . . aus Spanien? – Nein, ich . . . . .
Sind . . . . . aus Griechenland? – Ja, wir . . . . .

Ü 14 **Ergänzen Sie**

Beispiel: Er **ist** aus Italien. Er **ißt** gerne **Käse.** Er **trinkt** gerne **Wein.**

Aufgabe: Sie . . . . . aus der Türkei. Sie . . . . . gerne Kebab. Sie . . . . . gerne Tee.
Ich . . . . . aus . . . . . Ich . . . . . gerne . . . . . Ich . . . . . gerne . . . . .
Wir . . . . . aus . . . . . Wir . . . . . gerne . . . . . Wir . . . . . gerne . . . . .
Woher . . . . . ihr? – Was . . . . . ihr gerne? – Was . . . . . ihr gerne?
Wir . . . . . – Wir . . . . . – Wir . . . . .

Bella Ciao
Italien
1. Una ma - ti - na mi son al - za - to, o bella ciao bella ciao, bella ciao, ciao, ciao. Una ma - ti - na mi son al - za - to, e ho tro - va - to l'in - va - sor.
2. O partigiano
Porta mi via
O bella ciao ...
O partigiano
Porta mi via
Que mi sentio de morir
3. E se me morio
4. Seppelire
Sulla montagna
O bella ciao ...
Seppelire
Sulla montagna
Sul l'ombra d'un bel fior

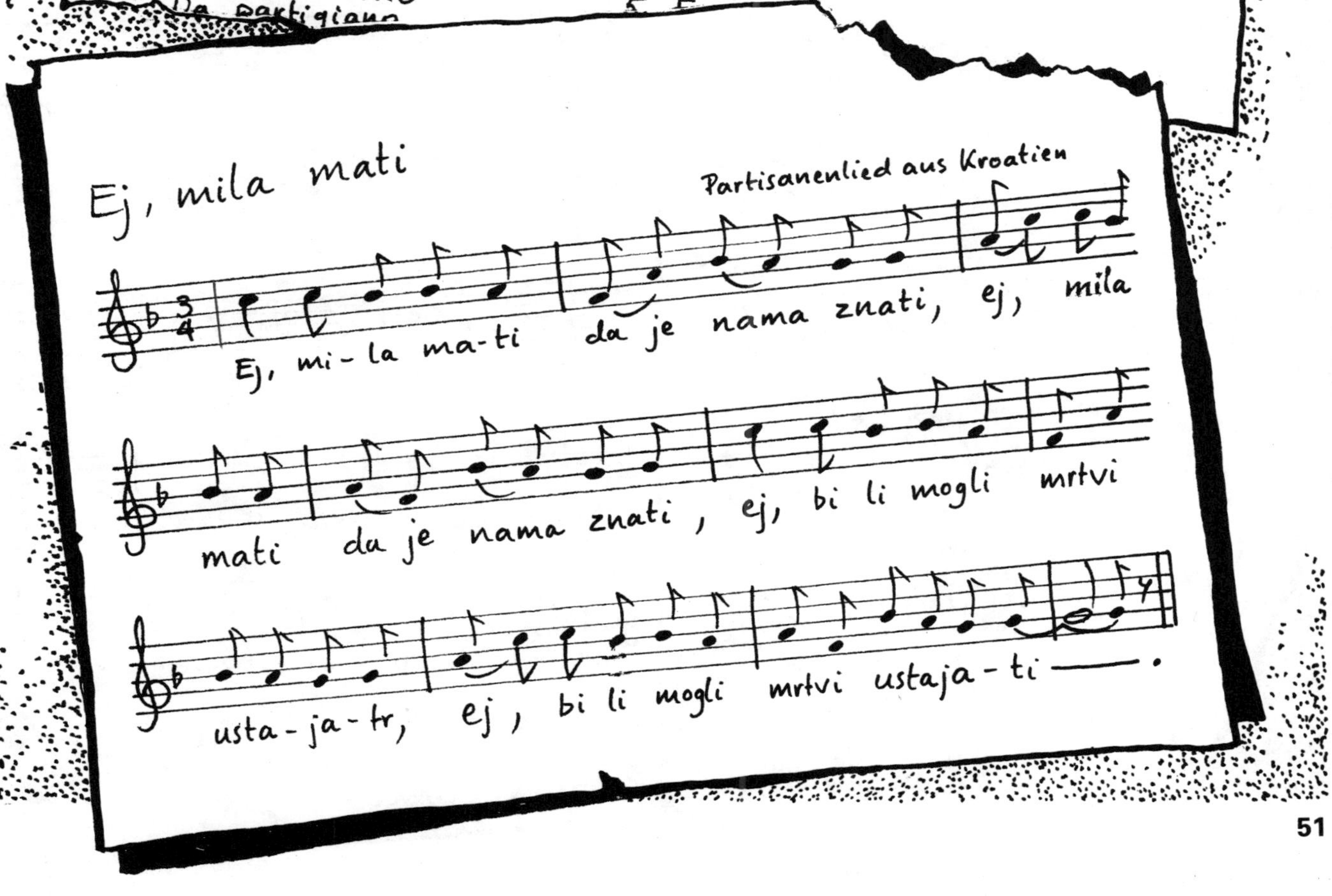

Ej, mila mati
Partisanenlied aus Kroatien
Ej, mi - la ma - ti da je nama znati, ej, mila mati da je nama znati, ej, bi li mogli mrtvi usta - ja - ti, ej, bi li mogli mrtvi ustaja - ti —.

Türkei
Üsküdara gideriken
Üs-küda-ra gi-der-i-ken al-dı da bir yağ-mur,
Kâ-ti-bi-min se-ti-re-si u-zun e-te-ği ça-
mur; Kâ-ti-bi-min se-ti-re-si u-zun e-te-
Kâtip uykudan uyanmış gözleri mahmu
Kâtip benim ben kâtibin elne karışır?
Kâtibime kolalı da gömlek ne güzel yak
Quince Brigada
Spanien
Bri-ga-da, rhum-ba-la, rhum-ba-la,
Que se ha cu-bier-ta de
Ma-nu-e-la, ay Ma-nu-e-la.
2. Luchamos contra los Moros,
rhumbala, rhumbala, rhumbala
Mercenarios y fascistas,
ay Manuela, ay Manuela.
3. Solo es nuestro deseo,
rhumbala, rhumbala, rhum
Acabar con el fascismo,
ay Manuela, ay Manuela
4. En el frente de Jarama
rhumbala, rhumbala, rhu
No tenemos ni aviones,
rhumbala, rhumbala
Ni tanques, ni canone
ay Manuela, ay Man
Πέρα στούς πέρα κάμπους
Griechenland
πέ-ρα στούς πέρα κάμπους, πέ-ρα στούς
πέρα κάμπους, πέ-ρα στούς πέρα κάμπους,
'που εἶναι οἱ ἐ-λιές, εἶν' 'να μοναστη-
ράκι, εἶν' 'να μοναστη-ράκι, εἶν'
'να μοναστη-ράκι, 'που πάν' οἱ κοπε-
λιές λα λα λαλα λα λαλα λα λα λαλα
λα — λα λα λαλα λα λαλα λα
λα λα λα.

Telegramm 1

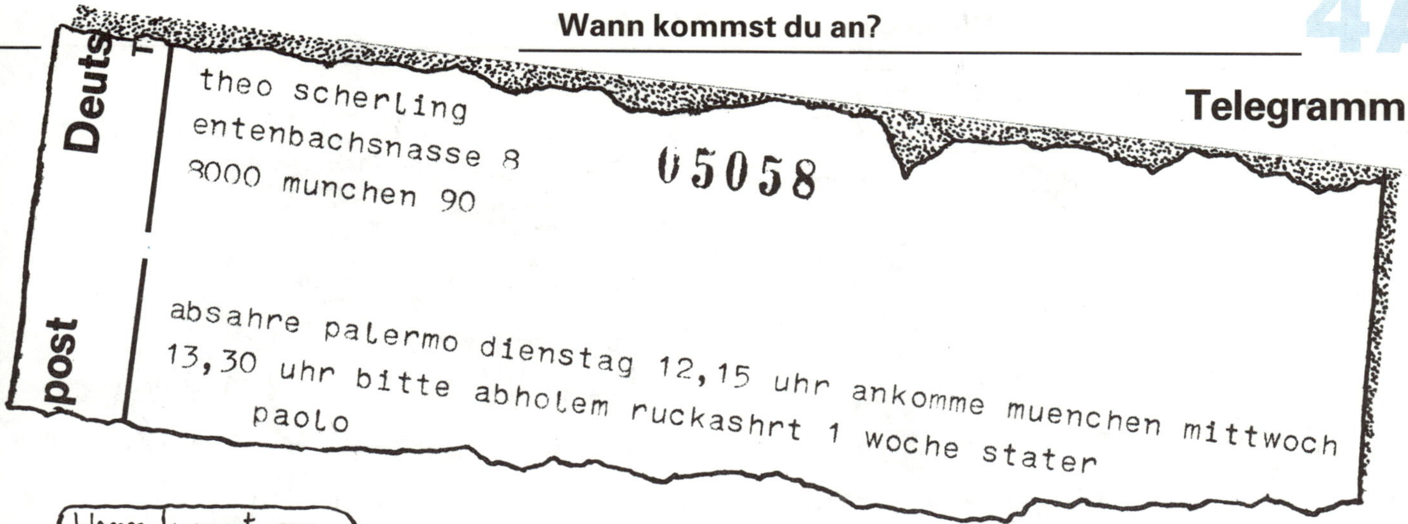
Deuts
post
theo scherling
entenbachsnasse 8
8000 munchen 90
05058
absahre palermo dienstag 12,15 uhr ankomme muenchen mittwoch
13,30 uhr bitte abholem ruckashrt 1 woche stater
paolo

Wann kommt er an?

Telegramm

abfahre palermo dienstag 12.15 uhr
ankomme münchen mittwoch 13.30 uhr
bitte abholen
rückfahrt 1 woche später

paolo

Telefonat

- ● Ich fahre Dienstag ab.
- ○ *Wann* fährst du ab?
- ● Am Dienstag.
- ○ Und wann bist du hier?
- ● Ich komme Mittwoch 13 Uhr 30 in München an.
- ○ Also Mittwoch, 13 Uhr 30.
- ● Bitte hol' mich vom Bahnhof ab!
- ○ Natürlich! – Und wie lange bleibst du?
- ● Ich fahre eine Woche später zurück.
- ○ Was, so bald?
- ● Ich muß! Es geht nicht anders.

Wann	**fährst**	du	**ab?**	Ich **fahre** (am) Dienstag **ab.**
Wann	**kommst**	du	**an?**	Ich **komme** Mittwoch 13 Uhr 30 **an.**
Wann	**bist**	du	**hier?**	Ich **bin** um 13 Uhr 30 **da.**
Wie lange	**bleibst**	du	**hier?**	Ich **fahre** eine Woche später **zurück.**

3

Wann geht der Zug nach Zagreb?
Auskunft
Der fährt gleich ab! 9 Uhr 22.
Gleis 15. Machen Sie schnell!
Und wann sind wir da?

Von MÜNCHEN Hbf nach ZAGREB und zurück über Salzburg – Jesenice

Abfahrt dep.	Zug-Nr. train	*) Gleis track	Ankunft arr.
8.20	D 291	11	17.38
9.22	D 219	15	20.30
17.34	D 293	15	3.30
20.50	D 295	14	7.25
21.38	D 411	15	8.16
22.56	D 297	15	9.17

Von MÜNCHEN Hbf nach ATHEN und zurück über Salzburg – Jesenice

Abfahrt dep.	Zug-Nr. train	*) Gleis track	Ankunft arr.
8.20	D 291	11	22.50
9.22	D 219	15	7.55
21.38	D 411	15	14.35

Von MÜNCHEN Hbf nach ISTANBUL über Zagreb – Be…

*)= G… Zu…
T = T…
B = …
U = …

von MÜNCHEN Hb…

Abfahrt dep.	Zug-Nr. train	*) Gleis track	Ankunft arr.	
17.34	D 293	15	11.30	pla… Anl…

4

- ● Fahrt ihr weg?
- ○ Ja, wir fahren heute.
- ● Nach Spanien?
- ○ Ja, ja, nach Spanien!
- ● Wann kommt ihr wieder?
- ○ In vier Wochen.
- ● Warum bleibt ihr nicht hier?
- ○ Warum kommt ihr nicht mit?

5

MATHE

NEU!

Was hast du so lange gemacht?

- ● Wo kommst du her? Ich hab' dich überall gesucht. Was hast du so lange gemacht?
- ○ Hausaufgaben. Ich war bei Mario. Wir haben Hausaufgaben gemacht.
- ● Was, so lange? Ihr habt Fußball gespielt!
- ○ Nein, wir haben gearbeitet! Bestimmt! Wir hatten so viel auf. Wir haben ganz schnell gemacht.
- ● Schnell gemacht?! Jetzt ist es acht Uhr!
- ○ Ja, es war so viel: Deutsch, Mathe, Biologie . . . . .
- ● Und die Hose??
- ○ Die hat Bello kaputtgemacht.
- ● Bello?
- ○ Der Hund von Mario.

Was **hast** du so lange **gemacht?**	Ich war bei Mario.
	Wir **haben** Hausaufgaben **gemacht.**
Ihr **habt** Fußball **gespielt!**	Nein, wir **haben gearbeitet.**
Und die Hose?	Die **hat** Bello **kaputtgemacht.**

6

?

- ● Du, Meister! – Telefon!
- ○ Moment, ich komme.
- ● Nein, nein – nicht jetzt! Schon fertig!
- ○ Was ist fertig?
- ● Verdammt – wie heißt das auf deutsch?
  Telefon, schon vor 10 Minuten .....?
- ○ Ach so: Der Meister hat vor 10 Minuten angerufen!
- ● Ja, genau! Sag das nochmal!
- ○ Der Meister hat vor 10 Minuten angerufen.
- ● Der Meister hat vor 10 Minuten angerufen.
  Der Meister hat vor 10 Minuten angerufen .....
- ○ Moment! Was hat er denn gesagt?
- ● Wer?
- ○ Na, der Meister!
- ● Das hab' ich vergessen. –
  Der Meister hat vor 10 Minuten angerufen.
  Der Meister hat vor 10 Minuten angerufen .....

Aslan ruft Emil: "Du, komm schnell! Meister! Telefon!"
Emil kommt schnell. Aber der Meister ist nicht am Telefon. Aslan hat den Hörer aufgelegt.
Was ist los?
Der Meister hat vor 10 Minuten angerufen. Was hat er gesagt?
Aslan weiß das nicht mehr. Er hat es vergessen.
Jetzt ruft Emil den Meister an.

Ü1 **Auf der Kemnade in Bochum ist eine Demonstration. Viele fahren nach Bochum.**

FAHRPLAN-AUSZUG vom 27. September bis 22. Mai

Von MÜNCHEN Hbf nach B O C H U M HBF und zurück

km	Fahrpreis	Einfach	Rückfahrt	Ermäßigte Fernrückfahrkarte
731	2. Klasse	117,00 DM	234,00 DM	198,00 DM
	1. Klasse	176,00 DM	352,00 DM	298,00 DM

Bei Benutzung von IC/TEE Sonderzuschlag

Abfahrt dep.	Zug-Nr. train	*) Gleis track	Ankunft arr.
1.15	E 2364	15	11.02
4.02	D 718	23	12.02
4.02	D 718	23	13.02
5.30	D 786	21	13.02
5.43	IC 616	20	13.02
6.43	IC 614	20	14.02
7.43	IC 518	21	15.02
8.43	IC 690	21	16.02
9.13	IC 526	24	17.02
9.43	IC 610	21	17.02
9.43	IC 610	21	17.31
10.32	D 1716	29	18.48

wir arbeiten hier
...und leben hier!
WARUM
KEIN
KOMMUNALES WAHLRECHT
FÜR AUSLÄNDISCHE
MITBÜRGER?

1a

Sie fahren nach Bochum.
Sie rufen Ihre Freunde in Bochum an:
- Ich komme nach Bochum
- Kemnade, Demonstration
- Ankunft
- Kann ich bei euch übernachten?
- Kommt ihr mit zur Kemnade?

1b

Sie wohnen in Bochum.
Ihr Freund ruft aus München an.
Er kommt nach Bochum.
Laden Sie ihn ein:
"1 Bett ist frei"
- Ankunft?
- Wie lange Zeit?
Sie gehen am Sonntag zur Kemnade.

2a

Sie wohnen in München.
Sie rufen Freunde in München an und fragen:
- Kommt ihr mit nach Bochum (Kemnade, Demonstration)?

2b

Sie wohnen in München.
Ihr Freund ruft an.
Er fährt nach Bochum.
Fragen Sie ihn:
- Abfahrt?
- Rückfahrt?
- Übernachten?
Sie fahren mit.
Fragen Sie, wie teuer die Fahrt ist.
Lieber per Anhalter!

2c

Ihr Freund ruft an.
Er fährt nach Bochum (Kemnade).
Fragen Sie ihn:
- Wann fährst du ab?
- Wann kommst du wieder?
Sie haben nicht so viel Zeit.
Sie bleiben hier.

Ü2

In Stuttgart ist ein Konzert mit Theodorakis.

Ü3

Real Madrid spielt in Frankfurt.

Ü4

Um zwölf Uhr nachts...

. . . . kaputtgemacht. . . . . aufgemacht.
. . . . gesucht. . . . . in den Sack gesteckt. . . . . gehört.
. . . . gefragt. . . . . gesagt. . . . . geschwitzt.
. . . . gekocht. . . . . telefoniert. . . . . gewartet.

1

UHU

Die Operation

Vater und Mutter sind nicht zu Hause. Maria, Nikolaus und Alexander machen eine Operation. Nikolaus ist Chefarzt: Professor Dr. Nikolaus. Alexander ist Assistent, Maria ist Krankenschwester.
Das Sofa ist sehr krank. Es stöhnt laut.
Maria holt ein Messer, eine Schere und Wäscheklammern. Die Operation fängt an:
Nikolaus schneidet den Bauch auf. Da ist alles krank und kaputt. Alexander hält die Wunde auf. Maria zieht die Spiralen raus und wirft sie weg. Dann holt sie ein Kissen. Nikolaus stopft das Kissen in den Bauch. Dann näht er das Sofa wieder zu. Die Operation ist fertig. Alexander klebt die Wunde mit Uhu zu. Das Sofa stöhnt nicht mehr. Alle sind zufrieden.

2

Der Lehrer macht den Projektor an.
Er geht nicht! Kein Strom!
Er steckt den Stecker rein und schaltet wieder an.
Der Projektor funktioniert immer noch nicht.
Ist die Birne kaputt? – Nein, die ist heil!
Aber der Hauptschalter ist aus!
Jetzt schaltet er den Hauptschalter ein.
Der Projektor geht. Er legt das Transparent auf
und stellt das Bild scharf ein.

3

APFEL GELEE
BACK-PFLAUMEN
KOMPOTT BIRNEN
ERBSEN
PRO KAUF
PRO KAUF

Saftiger Rinder-Schulterbraten
ohne Bein
1000 g 12.80
Teewurst
Stockmeyer
SB-verpackt, -g-Stück 3.48
Stockmeyer I a Rohwurst-Aufschnitt
100 g 1.78
Schöller Eiskrem
Schlemmer-bombe
Himbeer, Nougat, Fürst-Pückler-Art,
je 1000-ml-Becher
statt bisher 5.30
jetzt nur 3.49
Dallmayr Kaffee
Prodomo
500-g-Vacu-Dose
statt bisher 10.99
jetzt nur 9.77
A&P Alu-Folie
30 cm breit, 20 m lang
Rolle 1.99
A&P Vollwasch-mittel
3-kg-Tragepackung 6.29
A&P Kosmetik-tücher
100-Stück-Packung -.99
A&P Wäsche-weich
4-Ltr.-Flasche 3.99
Langnese Eiskrem
Eiskrem Bouquet
Vanille, Erdbeer, Schokolade
je 500-ml-Becher statt bisher 3.99 jetzt nur 2.99
Frische Eier
Güteklasse A, Gewichtsklasse 4
10 Stück 1.99
Deutsche Suppenhühner
HKl. A, kochfertig gefr.
1000 g 2.49
1200-g-Stück statt bisher 4.49 jetzt nur 2.99
KRAFT Miracoli
Spaghetti-Gericht
2-3 Portionen
333-g-Packung statt bisher 2.86 jetzt nur 2.49

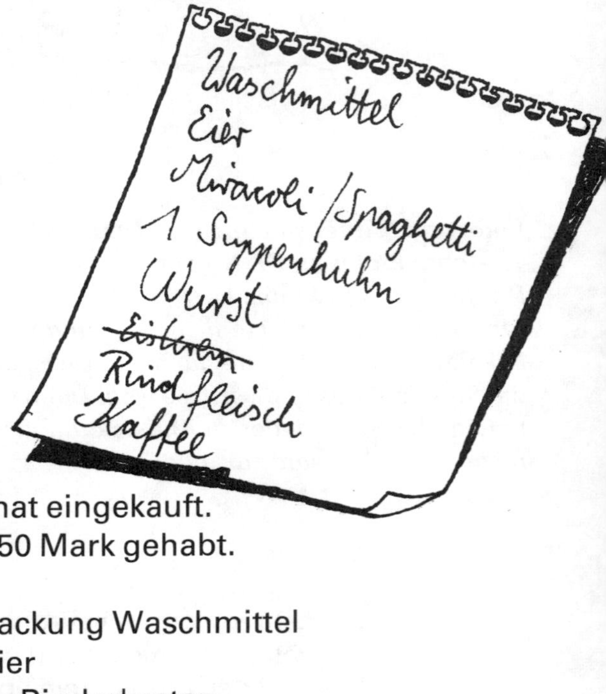

Waschmittel
Eier
Miracoli / Spaghetti
1 Suppenhuhn
Wurst
Eiskrem
Rindfleisch
Kaffee

Horst hat eingekauft.
Er hat 50 Mark gehabt.
Er hat

1 Packung Waschmittel
20 Eier
1 kg Rinderbraten
2 Hühner
1 Teewurst
1 Pfd. Kaffee
1× Miracoli

gekauft.
Er kommt nach Hause und hat kein Geld mehr.
Seine Frau ist böse . . . . .

1. Trennbare Verben

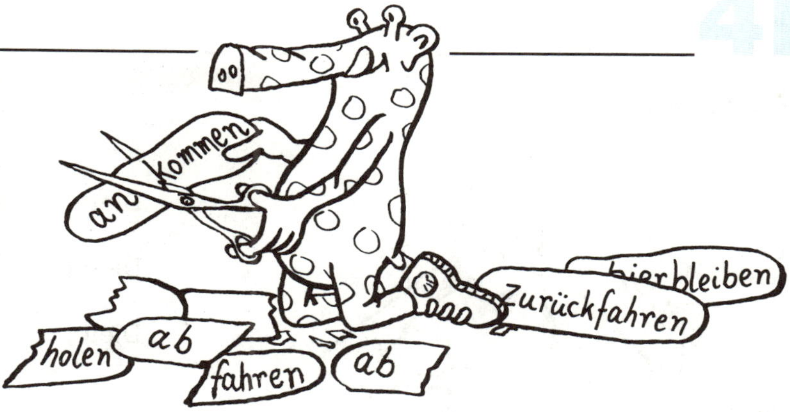

an
kommen
hierbleiben
zurückfahren
holen
ab
fahren
ab

a)

ab	fahren
an	kommen
ab	holen
hier	bleiben
zurück	fahren

Ich	fahre	Dienstag	**ab**	.
Ich	komme	Mittwoch 13 Uhr 30 in München	**an**	.
Bitte,	hol'	mich vom Bahnhof	**ab**	!
Wie lange	bleibst	du	**hier**	?
Ich	fahre	eine Woche später	**zurück**	.

b)

mit/bringen	:	Onkel Tamer	bringt	eine Flasche Raki	mit	.
mit/fahren	:	Aişe	fährt	nicht	mit	.
weh/tun	:	Mein Hals	tut		weh	.
an/fangen	:	Die Operation	fängt		an	.
auf/schneiden	:	Nikolaus	schneidet	den Bauch	auf	.
auf/halten	:	Alexander	hält	die Wunde	auf	.
raus/ziehen	:	Maria	zieht	die Spiralen	raus	
weg/werfen	:	und	wirft	sie	weg	.
zu/nähen	:	Er	näht	das Sofa wieder	zu	.
zu/kleben	:	Alexander	klebt	die Wunde mit Uhu	zu	.
an/machen	:	Der Lehrer	macht	den Projektor	an	.
ein/schalten	:	Er	schaltet	den Hauptschalter	ein	.
rein/stecken	:	Er	steckt	den Stecker	rein	.
an/schalten	:	Er	schaltet	den Projektor	an	.
auf/legen	:	Er	legt	das Transparent	auf	.
ein/stellen	:	Er	stellt	das Bild scharf	ein	.

2. Perfekt

a)

Dieter	**arbeitet**		.
Dieter	**macht**	Hausaufgaben.	
Dieter	**hört**	Musik.	

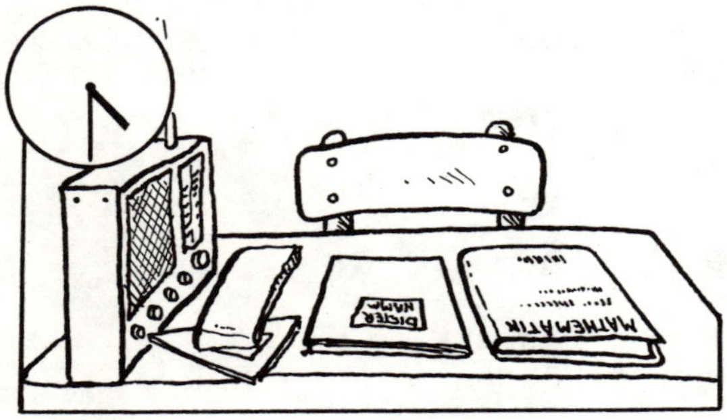

Dieter	**hat**		**ge**	**arbeit**	**et**	.
Dieter	**hat**	Hausaufgaben	**ge**	**macht**	**t**	.
Dieter	**hat**	Musik	**ge**	**hör**	**t**	.

b) Was hat Dieter gemacht?

Er	hat	keine Hausaufgaben	**ge** mach	**t.**	**(mach**–en)
Er	hat	Schallplatten	**ge** hör	**t.**	(**hör**–en)
Er	hat		**ge** spiel	**t.**	(**spiel**–en)
Er	hat	Fußball	**ge** spiel	**t.**	(**spiel**–en)
Er	hat	mit Mario	ein **ge** kauf	**t.**	(**ein/kauf**–en)
Er	hat	nicht	**ge** arbeit	**et.**	(**arbeit**–en)

c) Was haben Dieter und Mario gemacht?

Sie	**haben**	keine Hausaufgaben	**ge**	**t.**	**(mach**–en)
Sie	**haben**	Schallplatten	**ge**	**t.**	(**hör**–en)
Sie	**haben**		**ge**	**t.**	(**spiel**–en)
Sie	**haben**	Fußball	**ge**	**t.**	(**spiel**–en)
Sie	**haben**		**ge**	**t.**	(**ein/kauf**–en)
Sie	**haben**	nicht	**ge**	**et.**	(**arbeit**–en)

Genauso: sag–en, frag–en, rauch–en, hab–en, wohn–en, zeig–en, hol–en, angel–n, kost–en . . . . .

Mehr zum Perfekt in Lektion 10

Ü1

weg	schneiden
ab	kaufen
zu	fahren
an	holen
ein	fahren
hier	kommen
ab	bleiben
zurück	kommen
weg	machen
an	fahren
auf	fangen
wieder	machen
mit	nähen
kaputt	kommen
zu	werfen
auf	ziehen
raus	kleben

Ü2

1	Die Operation fängt
2	Nikolaus schneidet
3	Alexander hält
4	Maria zieht
5	Sie wirft
6	Nikolaus näht
7	Alexander klebt

a	die Wunde zu.
b	das Sofa wieder zu.
c	den Bauch auf.
d	an.
e	die Spiralen raus.
f	die Wunde auf.
g	die Spiralen weg.

Ü3

1	Ihr Freund ruft
2	Ich fahre um 10.32
3	Kommt ihr
4	Wann fährst du
5	Wann kommst du
6	Der Zug kommt um 18 Uhr 48
7	Ich fahre eine Woche später

a	ab?
b	wieder?
c	an.
d	ab.
e	mit?
f	zurück.
g	an?

Ü4 Bitte ergänzen Sie die Sätze

anfangen	Die Operation . . . .
aufschneiden	Nikolaus . . . . . den Bauch . . . . . .
aufhalten	Alexander . . . . . die Wunde . . . . . .
rausziehen/wegwerfen	Maria . . . . . die Spiralen . . . . . und . . . . . sie . . . . . .
zunähen	Nikolaus . . . . . das Sofa wieder . . . . . .
zukleben	Alexander . . . . . die Wunde mit Uhu . . . . . .

Ü5 Bitte ergänzen Sie die Sätze

Aslan . . . . . Salvatore an. Er fragt ihn: ". . . . . du mit? Ich fahre nach Bochum." Salvatore . . . . . mit. Sie fahren zusammen nach Bochum. Sie . . . . . um 10.32 Uhr in München ab. Der Zug . . . . . um 18.48 Uhr in Bochum an. Ihr Freund Josip . . . . . sie ab. Er . . . . . sie mit. Sie gehen zu ihm nach Hause. Er . . . . . sie ein: "Zwei Betten sind frei. Übernachtet hier!"

Ü6 Bilden Sie Sätze

Beispiel: Bitte abholen! – Bitte hol' mich ab! / Hol' mich bitte ab!

Aufgabe: Bitte den Bauch aufschneiden! – Die Wunde aufhalten! – Die Spiralen rausziehen! – Die Spiralen wegwerfen! – Das Sofa wieder zunähen! – Die Wunde zukleben! – Den Fernseher anmachen! – Das Licht ausmachen! – Die Tür zumachen! – Das Fenster aufmachen!

Mehr zum Imperativ in Lektion 9

Ü7

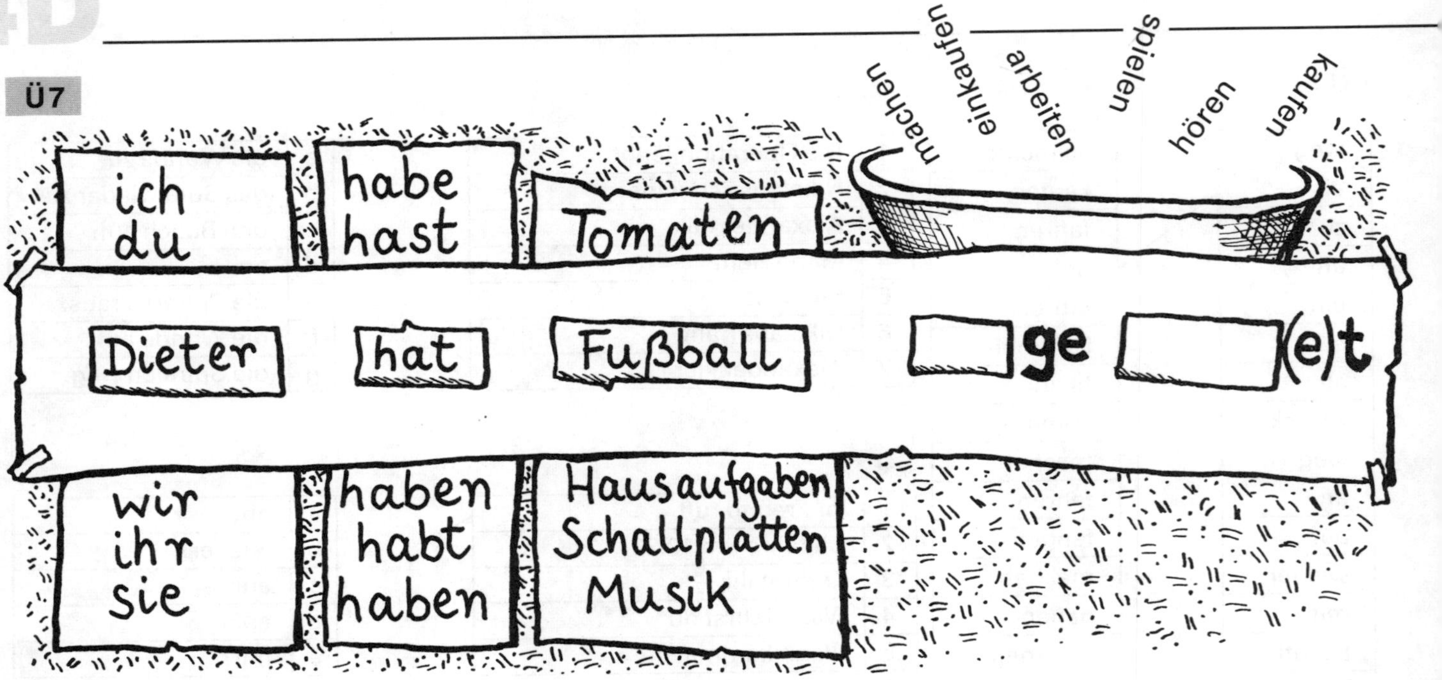
machen
einkaufen
arbeiten
spielen
hören
kaufen
ich
du
habe
hast
Tomaten
Dieter
hat
Fußball
ge
(e)t
wir
ihr
sie
haben
habt
haben
Hausaufgaben
Schallplatten
Musik

Ü8

kaputtgemacht · hat · hat · gesagt · gekocht · hat · gesucht · habe · hat · gefragt · gesucht · habe · aufgemacht · gehört · hat · hat · gesteckt · aufgemacht · hat · gewohnt

Der Einbrecher ___ die Scheibe ___.

Er ___ das Fenster ___.

Er ___ Geld ___.

Er ___ Uhren und Bilder in den Sack ___.

Die Frau ___ den Einbrecher ___.

Sie ___ die Tür ___ und ___ den Einbrecher ___:

"Was machen Sie hier?"

Da ___ der Einbrecher ___:

"Entschuldigen Sie bitte! Ich ___ hier früher ___. Ich ___ die alte Uhr ___."

Da ___ die Frau ihm Kaffee ___.

10. September 1964: Der 1 000 000. Gastarbeiter der Bundesrepublik wird bei seiner Ankunft feierlich mit Blumen und Moped begrüßt. Damals noch einer der Gratulanten: der Präsident der Bundesanstalt für Arbeit, Stingl. Foto: dpa

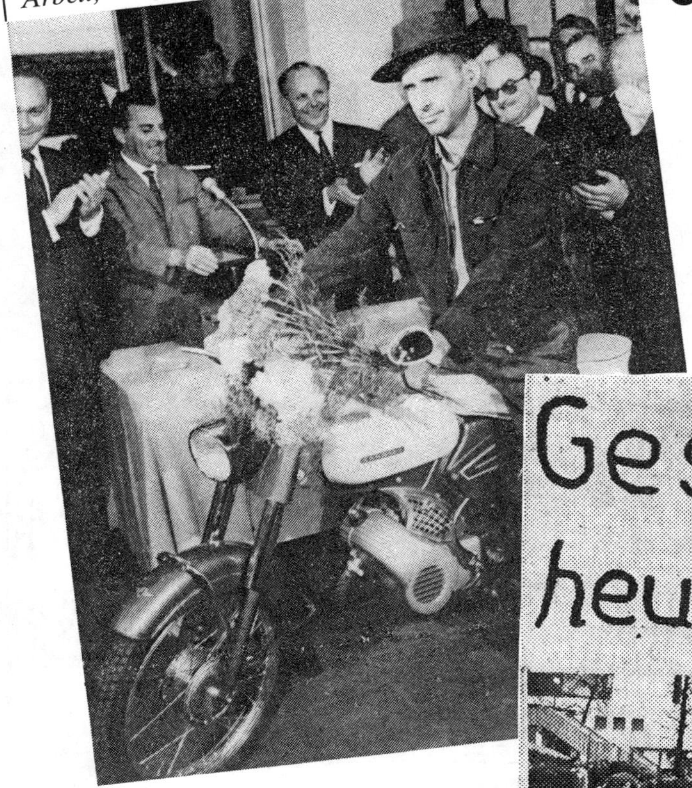

Gestern

Heute

Gestern Integration,
heute Abschiebung

Die Angst vor den Fremden

In der Bundesrepublik wächst die Ausländerfeindlichkeit bedrohlich schnell / Von Hans Schueler

Berlin will junge Ausländer ausweisen

Innensenator kündigt Einschränkung des Familiennachzugs und der Zuheirat an

„Wir sind keine Rausländer"

10 000 Jugendliche protestieren gegen den Berliner Ausländererlaß

Ausländer-Zuzug wird weiter erschwert

Union will Ausländerzahl reduzieren

Bundesrepublik darf kein Vielvölkerstaat werden, heißt es in einem Antrag

Auch Bayern begrenzt Ausländerzuzug

Gastarbeiter müssen für nachkommende Angehörige Wohnraum nachweisen

2

Ausländer raus!
Geschlossen
Spüler
Küchenhilfe
Bedienung
ab sofort
gesucht!!
ENDMONTAGE
Zu vermieten
Schöne, sonnige
Zu vermieten
frei!
Ali, komm wieder!!

I.f.A.

Initiative für Ausländer-Begrenzung
I. f. A.

PROGRAMM

Deutschland soll deutsch bleiben

Ausländern soll geholfen werden, ihre Identität, Kultur und Existenz möglichst im eigenen Land zu bewahren.

Salvatore Vedda, seit 15 Jahren Straßenfeger
in Köln. Er ist der "Star-Straßenfeger".
Sein Bild ist auf vielen tausend Plakaten.
"Alle grüßen mich", sagt Salvatore, "das ist schön,
sie kennen mein Bild."

56 ist Salvatore heute.
Er lebt noch immer allein in Köln.
Er hat ein Einzelzimmer.
Er kocht selbst und lebt billig.
Er spart für seine Familie.
Die lebt in Sizilien, seine Frau Vincenza und die Kinder Angelo,
Francesca, Francesco und Enzo.
Er besucht sie nur selten. Das Geld ist knapp.
Salvatore hat Freunde, aber leider keine deutschen.

Ich halte die Straßen sauber! Sie auch?

4

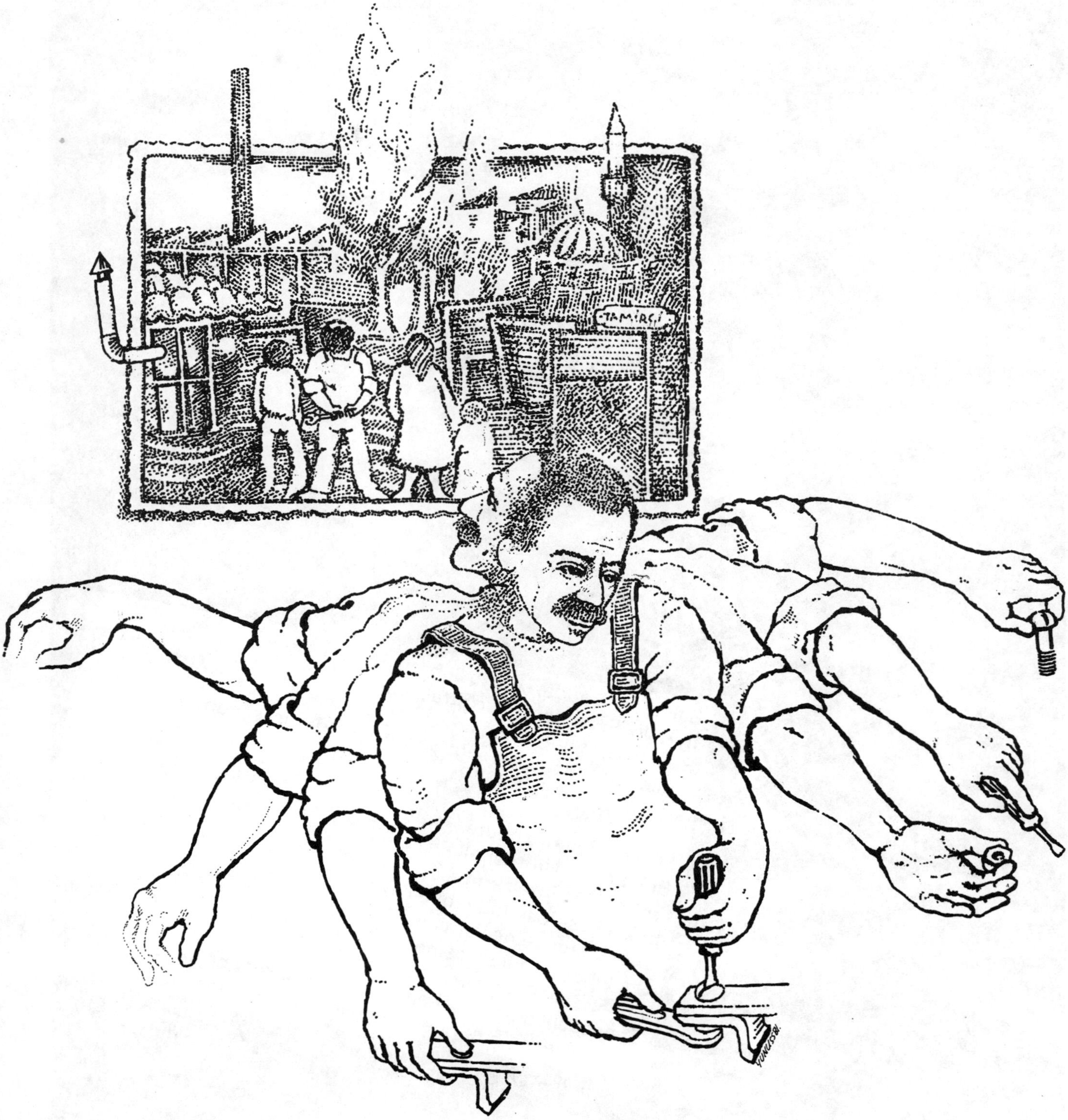
TAMIRCI

Zeichnung: Yunus Saltuk

Gehört der Koffer Ihnen? / Das ist mein Platz!

1

Gehört der Koffer Ihnen?
Wem gehört der Koffer hier??
ZOLL
Nein, mir nicht.
Nein, uns gehört der auch nicht.
Gehört der euch?
Da! Ihm!!
ZOLL

2

Herr Miller geht ins Kino.
Er kommt etwas spät,
es ist schon sieben nach acht.

Das Kino ist ganz voll.
Aber er bekommt noch eine Karte.
Sein Platz ist in Reihe 17.
Er hat die Platznummer 235.

Herr Miller geht in Reihe 17.
Er sucht seinen Platz.
Aber alle Plätze sind besetzt.

Verzeihung, das ist mein Platz! Ich habe Nr. 235..
Nein, der Platz gehört mir! Ich habe Nr. 235!
RUHE da vorne!
Die Plätze gehören uns!

Wem gehört Platz Nr. 235?

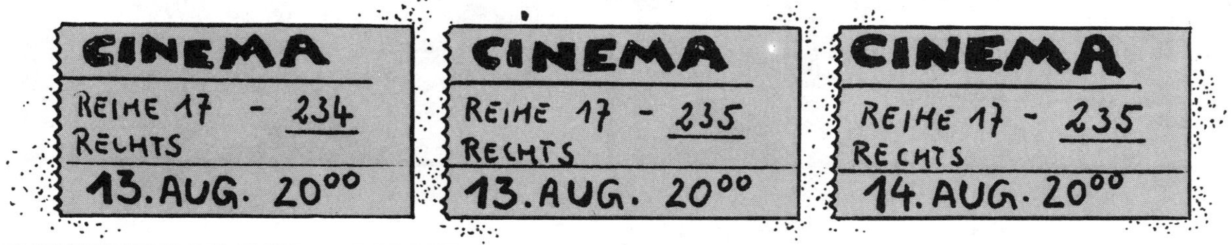
CINEMA
REIHE 17 - 234
RECHTS
13. AUG. 20°°
CINEMA
REIHE 17 - 235
RECHTS
13. AUG. 20°°
CINEMA
REIHE 17 - 235
RECHTS
14. AUG. 20°°

Gehört der Koffer/Platz Ihnen? euch?	Nein, mir/uns nicht. Ja, der gehört uns.
Wem gehört der Koffer/Platz?	Mir./Uns./Ihm. Das ist mein/sein Platz/Koffer.

Hilfst du mir?

3

Lager
VORSICHT STUFEN
↑25 kg
oben
30 kg
Niemals
2:0
DYNAMIT

Hier kommt Tino mit drei Kisten. – Dort sitzt Karl mit der Zeitung.
"Ist die Schubkarre frei? Hilfst du mir?" – "Nein, ich lese; und die Karre ist besetzt." – "Komm, hilf mir! Die Kisten sind zu schwer. Nur bis zum Lager – mit der Karre geht das ganz schnell." – "Bis zum Lager? Das dauert mindestens eine halbe Stunde! Ich habe keine Zeit."

Da hat Tino eine Idee. Er spricht leise mit Karl .....

Grüße aus Italien

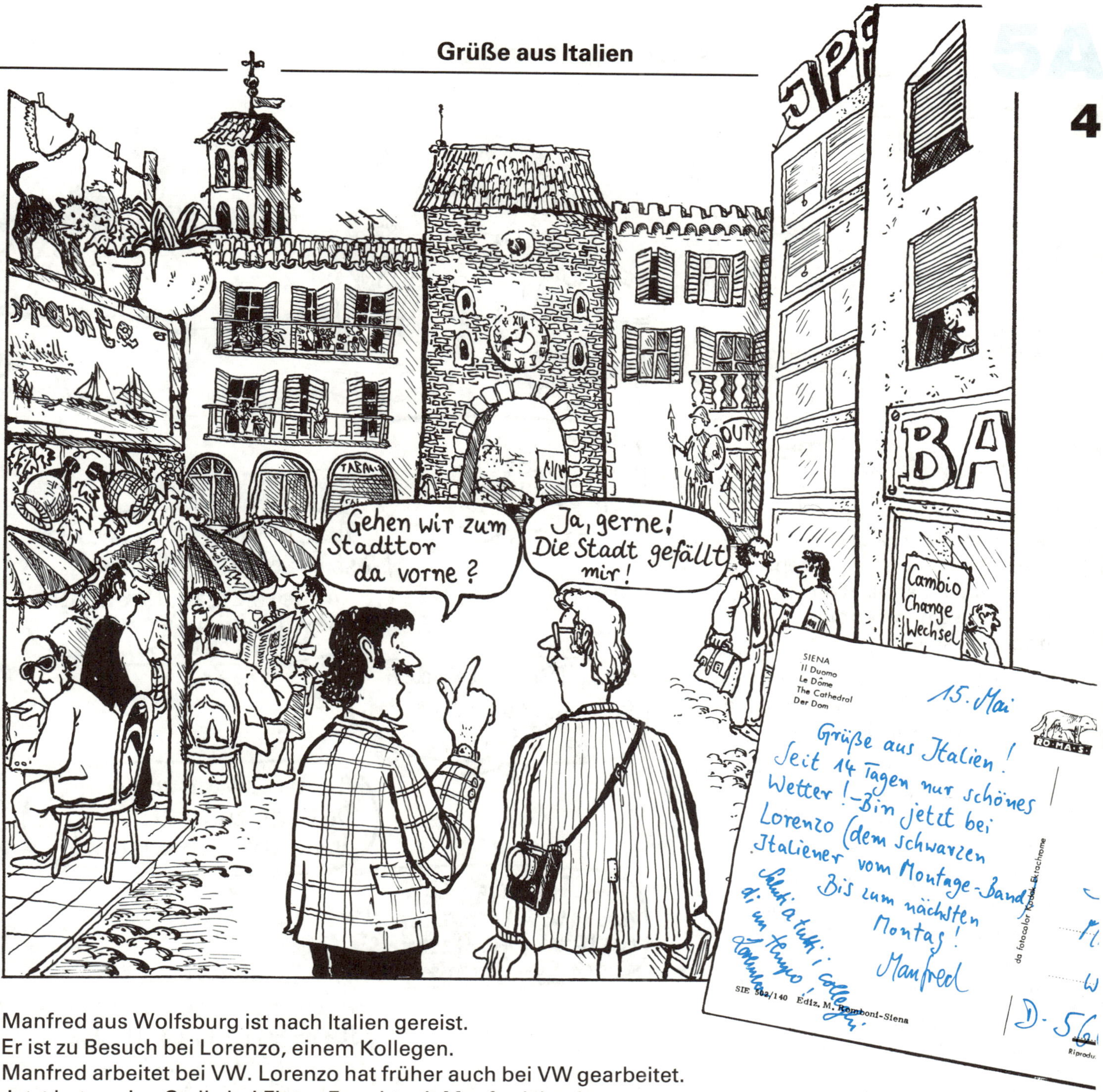

Gehen wir zum Stadttor da vorne?
Ja, gerne! Die Stadt gefällt mir!
Cambio
Change
Wechsel
SIENA
Il Duomo
Le Dôme
The Cathedral
Der Dom
15. Mai
Grüße aus Italien!
Seit 14 Tagen nur schönes Wetter! – Bin jetzt bei Lorenzo (dem schwarzen Italiener vom Montage-Band).
Bis zum nächsten Montag!
Manfred
Saluti a tutti i colleghi di un tempo! Lorenzo

Manfred aus Wolfsburg ist nach Italien gereist.
Er ist zu Besuch bei Lorenzo, einem Kollegen.
Manfred arbeitet bei VW. Lorenzo hat früher auch bei VW gearbeitet.
Jetzt hat er eine Stelle bei Fiat. – Er geht mit Manfred durch die Stadt, zeigt ihm das Stadttor, alte Plätze, Geschäfte usw.
Dann gehen die beiden in Lorenzos Stammlokal, gegenüber der Bank.

Manfred ist	nach	Italien gereist.
Er kommt	aus	Wolfsburg.
Er wohnt	bei	Lorenzo, seinem Kollegen.
Lorenzo arbeitet	bei	Fiat.
Er geht	mit	seinem Kollegen durch die Stadt.
Sie gehen	zum	alten Stadttor.
Lorenzos Stammlokal liegt	gegenüber	der Bank.
Manfred hat	seit	14 Tagen schönes Wetter.

Am zwölften Februar, 12 Uhr 15

5

8 Mo 6
9 Di
10 Mi
11 Do
12 Fr 12.15 DR. HUBER
13 Sa
14 So
15 Mo 7
16 Di
17 Mi
18 Do
19 Fr
20 Sa
21 So
22 Mo Rosenmontag
23 Di
24 Mi Aschermittwoch
25 Do
26 Fr
27 Sa

Heute ist Dienstag, der neunte (9.) Februar. Herr Pasolini hat Zahnschmerzen. Er ruft einen Zahnarzt an. Er möchte einen Termin, möglichst schnell.

Die Sprechstundenhilfe sucht einen Termin. Sie findet Dienstag, den dreiundzwanzigsten (23.).

Der dreiundzwanzigste Februar ist erst in 14 Tagen. Das dauert zu lange. Herr Pasolini hat große Schmerzen.

Die Sprechstundenhilfe sucht einen anderen freien Termin. Sie findet einen Termin am Freitag, den zwölften Februar, um 12.15 Uhr.

12.15 Uhr ist zu früh.
Herr Pasolini arbeitet bis 14.30 Uhr.
Ein Termin um 15.00 Uhr ist besser.

Aber am Freitagnachmittag ist die Praxis geschlossen.

"Gut, dann frage ich meinen Chef," sagt Herr Pasolini. Er kommt um 12.15 Uhr.

Die Sprechstundenhilfe notiert den Termin. Sie weiß den Namen nicht mehr und fragt.

Herr Pasolini buchstabiert seinen Namen.

Hier Praxis Dr. Huber, guten Tag!
Guten Tag, mein Name ist Pasolini. Jch habe Zahnschmerzen. Haben Sie einen Termin für mich? Möglichst bald!
Am Dienstag, den dreiundzwanzigsten, um 8 Uhr.
Am dreiundzwanzigsten? Das ist zu spät! Jch habe Schmerzen!
Am Freitag, den zwölften Februar. Um zwölf Uhr fünfzehn ist noch ein Termin frei.
Oh, das ist zu früh! Jch arbeite bis halb drei. Um drei Uhr, paßt das? Geht das?
Nein, das geht leider nicht. Freitagnachmittag ist die Praxis geschlossen.
Gut, dann frage ich meinen Chef. Also: Freitag zwölf Uhr fünfzehn
Ja, zwölf Uhr fünfzehn. - Verzeihung, wie ist Jhr Name?
Pasolini. P-a-s-o-l-i-n-i.
Vielen Dank, Herr Pasolini! Auf Wiederhören!

Ü1

Ausspracheübung

[ə] Zigarre, Stelle, komme, keine, halbe, kaufe, bitte, Schokolade, Tasse, leise, Tasche, danke, Auge, spreche, mache;
arbeitet, besetzt, gehören

[ɐ] mir, hier, Ihr, der, sehr, vor, Ohr;
Eier, Lehrer, Miller, Nummer, Finger, Körper, aber, Koffer, Peter, leider, Wasser, Fischer, Bäcker, Lager

[ae] Reihe, frei, drei, schreiben, klein, gleich, Mai, mein, Meister, nein, Bein, arbeiten, Wein, Teilnehmer, dein, Zeitung, sein, Scheibe, kein, Heinz, Ei

[ao] Frau, Braun, rauchen, laut, Klaus, Paul, Bauer, Bauch, tausend, sauber, kaufen, Haus, auf, Auto, aus, Auge, auch

[ɔø] Fräulein, Freund, neu, neun, Bäuche, Feuerzeug, teuer, Deutsch, heute, Europa, euch

[ç] sprechen, welche, Kännchen, nächste;
ich, zwanzig, dreißig, Frankreich, Österreich, gleich, euch; nicht, rechts, schlecht, Milch

[x] machen, kochen, suchen, rauchen, brauchen, Nachbar;
nach, noch, doch, Besuch;
Bauch, auch; Nacht, acht, nachts

[ç + x] nach rechts, zwanzig nach acht, noch nicht gleich, auch nicht nachts

[j] jetzt, Januar, ja, Jahr, Josef, jung, Juli, Juni

Ü2

Wem gehört was?

○ Gehört die Flasche Ihnen?

●

Ja, die gehört mir. Vielen Dank!

Nein, die gehört mir nicht.

COGNAC

Ü3

○ Der gehört mir. Das ist mein Ball.

● Dein Ball? Das ist mein Ball!

○ Was, dein Ball?? Das ist mein Ball!!

● Was sagst du? Dein Ball???
Das ist mein . . . . .!!!

○○ Das ist sein Ball.

●● Sein Ball? Das ist ihr Ball!

○○ Was, ihr Ball?? Das ist sein Ball!!

●● Was sagst du? . . . . .

Spielen Sie weiter: meine Tasche, mein Feuerzeug, meine Zigaretten, ...

Ü4

A ○ Wann fahren Sie in Urlaub?
● Am Dienstag.
○ Am Dienstag, den zweiten Oktober?
● Nein, am neunten Oktober!

Montag	Dienstag	Mittwoch	Donnerstag	Freitag	Samstag	Sonntag

B ○ Wann kommst du?
● Nächsten Freitag. / Freitag nächste Woche.
○ Ist das Freitag, der . . . . . Oktober?
● Nein, der . . . . . / Ja, der . . . . .

C ○ Treffen wir uns am Donnerstag, den . . . . .!
● Um wieviel Uhr?
○ 10 Uhr 30.
● Lieber am Nachmittag!
○ 14 Uhr?
● O. K.

Morgen 7.30	Vormittag 10.30	Mittag 12.00	Nachmittag 14.00	Abend 18.15

OKTOBER		
	Wo	
1 Mo	40	
2 Di		
3 Mi		
4 Do		
5 Fr		☺
6 Sa		
7 So		
8 Mo	41	
9 Di		
10 Mi		
11 Do		
12 Fr		☾
13 Sa		
14 So		
15 Mo	42	
16 Di		
17 Mi		
18 Do		
19 Fr		
20 Sa		
21 So		●
22 Mo	43	
23 Di		
24 Mi		
25 Do		
26 Fr		
27 Sa		
28 So		☽
29 Mo	44	
30 Di		
31 Mi		

Ü5 **Das ist Lorenzo. Er hat früher bei VW gearbeitet. Jetzt . . . . .**

LORENZO

früher: VW
jetzt: Fiat
+ Manfred
⎍⟶ Stadt
⟶ Stadttor

MANFRED

Wolfsburg
VW
→ Italien
+ Lorenzo

TINO

aus Catania
München
Siemens
+ Karl

Herr BAYER

Frankfurt
→ Kairo
+ Sohn
Koffer + Pistole

Ü6

Manfred fährt **von** Wolfsburg **nach** Italien. Er fährt allein. Er fährt **mit** dem Auto. Er hat **vom** ersten **bis zum** 20. Mai Urlaub.

Ali	Hamburg
Lorenzo	Dortmund
José	Stuttgart
Claude	Duisburg
Maria	Frankfurt
Josipa Josip	München
Theodoros	München
Salvatore	Köln
Aslan	Berlin
Manfred	Wolfsburg

Eltern
Fußball-
mannschaft
Freunde
Schwester
Bruder
MADRID
JTALIEN
SIZILIEN
MARSEILLE
PARIS
ZAGREB
ATHEN
JZMIR
GENUA
ANKARA
14.–30. Juli
1.–20. Mai
2.–28. August
5.–8. Mai
10.–26. April
3.–21. Juni
12.–21. Oktober

Ü7

○ Hilfst du mir/uns?
Helft ihr mir/uns?
Helfen Sie mir/uns?

- Ich repariere gerade mein Auto.
- Wir haben schwere Kisten.
- Wir waschen unseren Hund.
- Ich koche gerade Spaghetti.

● – Ja gerne, ich/wir helfe(n) . . . . .
- Ich/wir komme(n) gleich!
- Ich helfe . . . . ., aber ich kann erst später.
- Ich habe leider keine Zeit.
- Ich helfe gerne, aber ich kann das nicht.
- Das habe ich noch nie gemacht!
- Tut mir leid, ich arbeite gerade.

1

Der Rabe und der Fuchs

Nach Lafontaine

Auf einem Baum sitzt ein Rabe. In seinem Schnabel hält er ein Stück Käse. Der Fuchs riecht den Käse. "Ich muß den Käse haben," denkt er und läuft zum Raben.

"Ah, Herr Rabe, guten Tag! Wie wunderbar sind deine Augen. Und wie herrlich ist dein Fell! Und dein Schnabel ist so hübsch. Wie schön du bist! Ist deine Stimme auch so schön? Dann bist du der König hier im Wald."

Der Rabe ist natürlich sehr stolz.
Was macht er?

2

"DEINE HÄLFTE WEINT"

In der Nacht weckt die Frau Nasreddin aus tiefem Schlaf. Sie sagt zu ihm:

"Das Kind weint schon seit einer Stunde, wiege es ein wenig. Eine Hälfte vom Kind gehört doch dir!"

"Meine Hälfte soll weiterweinen!" antwortet Nasreddin. "Wiege du nur deine Hälfte."

Damit dreht er sich zur Wand und schläft wieder ein.

3

Liebe Freundin!
Ich bin seit einer Woche hier bei uns zu Hause.
Meine Heimat gefällt mir wieder sehr gut. Es ist warm und sonnig, und ich kenne alle Menschen im Dorf. Ich wohne bei meinen Großeltern. Ich bin oft mit alten Freunden zusammen und erzähle von Deutschland. Aber viele von meinen Freunden sind nicht mehr hier. Sie sind ausgewandert, von hier nach Frankreich, nach Deutschland, Belgien, einige bis nach Schweden. Du weißt, hier bei uns gibt es keine Arbeit. Ich war so lange nicht mehr hier und habe meine Sprache etwas vergessen! Ich habe noch 3 Wochen Urlaub, zum Glück! Herzliche Grüße von Deiner Clemencia.

1. Personalpronomen: Nominativ

ich

du/Sie

er (sie, es)

wir

ihr/Sie

sie

Wem gehört der Ball?

Der gehört **mir**!

2. Personalpronomen: Nominativ, Akkusativ, Dativ

Singular	**NOMINATIV**	**AKKUSATIV**	**DATIV**
1. Person	ich	mich	mir
2. Person	du Sie	dich Sie	dir Ihnen
3. Person	er es sie	ihn es sie	ihm ihm ihr
Plural			
1. Person	wir	uns	uns
2. Person	ihr	euch	euch
3. Person	sie	sie	ihnen
	WER?	**WEN?**	**WEM?**

3. Verben mit Dativ

a)

Wem	**gehört**	der Koffer?	
Wem	**gehören**	die Plätze?	
	Gehört	**Ihnen**	der Koffer?
	Gehören	**Ihnen**	die Plätze?
Der Koffer	**gehört**	**ihm.**	
Die Plätze	**gehören**	**uns.**	
Karl	**hilft**	**Tino/ihm.**	
Tino	**dankt**	**dem Kollegen/ihm.**	
	Gefällt	**dir/Ihnen**	die Stadt?
Die Stadt	**gefällt**	**mir.**	
Nasreddin	**antwortet**	**seiner Frau/ihr.**	
Wir	**gratulieren**	**euch.**	

b)

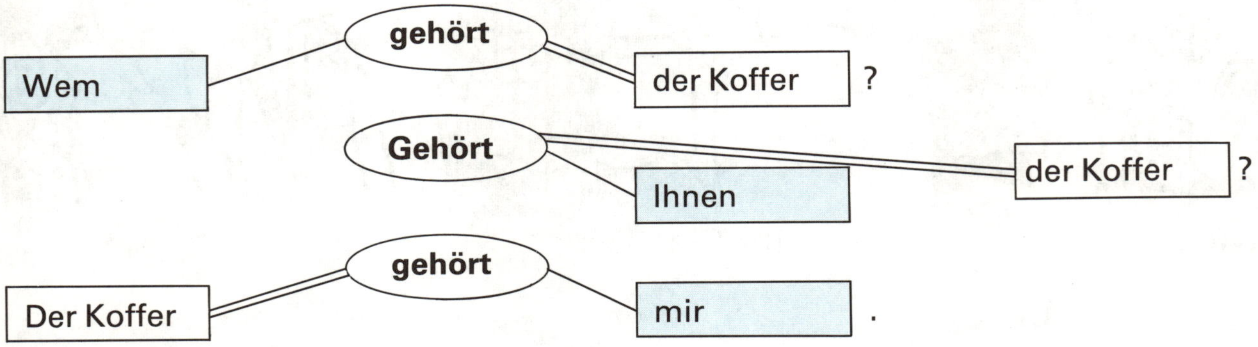
Wem
gehört
der Koffer
?
Gehört
Ihnen
der Koffer
?
Der Koffer
gehört
mir
.

4. Possessivpronomen

Personalpronomen	POSSESSIVPRONOMEN			
	Mask./Neutr.		Femin.	
ich	mein	Platz, Buch	meine	Tasche
du	dein		deine	
Sie	Ihr		Ihre	
er	sein		seine	
sie	ihr		ihre	
es	sein		seine	
wir	unser		unsere	
ihr	euer		eu(e)re	
sie	ihr		ihre	

Entschuldigung!
Das ist mein Mantel!

5. Präpositionen mit Dativ: aus, von, nach, zu, bei, mit, gegenüber, seit

Wolfsburg

SCHULE

Manfred ist/kommt **aus** Wolfsburg.

Die Kinder kommen **aus der** Schule.

Abs. Clemencia

Sie kommen **von der** Arbeit.

Der Brief ist **von** Clemencia.

Frankfurt

Dortmund → Hannover
ab
Zug Nr
Hann an

Sie fahren **nach** Frankfurt.

Der Zug fährt **von** Dortmund **nach** Hannover.

Sie gehen **zum (zu dem)** Stadttor.

Sie gehen **zur (zu der)** Arbeit.

Freising
München

Freising liegt/ist **bei** München.

Manfred arbeitet **bei** VW.

Karl arbeitet **mit dem** Hammer.

Er arbeitet (zusammen) **mit seinem** Kollegen.

Restaurant
BANK
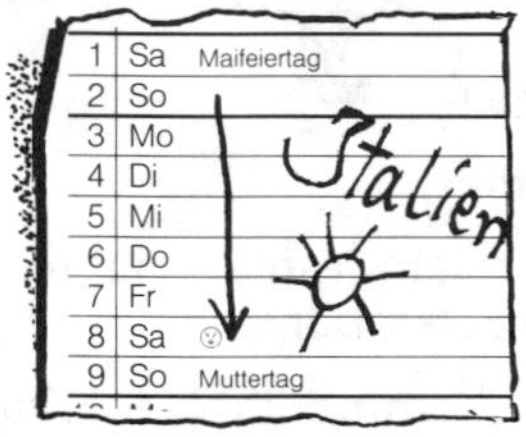
1 Sa Maifeiertag
2 So
3 Mo
4 Di
5 Mi
6 Do
7 Fr
8 Sa
9 So Muttertag
Italien

Das Restaurant ist **gegenüber der** Bank.

Manfred hat **seit einer** Woche schönes Wetter.

6. Wohin? Wo? Woher?

DR. MED. SCHNELL
DR. MED. SCHNELL

Wohin?		Wo?		Woher?	
Er geht	**zum** Arzt.	Er wartet	**beim** Arzt.	Er kommt	**vom** Arzt.
Er geht	**zur** Polizei.	Er ist	**bei der** Polizei.	Er kommt	**von der** Polizei.
Er fährt	**zu** Lorenzo.	Er ist	**bei** Lorenzo.	Er kommt	**von** Lorenzo.
Sie gehen	**zu ihren** Freunden.	Sie sind	**bei ihren** Freunden.	Sie kommen	**von ihren** Freunden.
Sie geht	zur **Post.**	Sie ist	**auf der** Post.	Sie kommt	**von der** Post.
Sie fährt	**nach** Frankfurt.	Sie ist	**in** Frankfurt.	Sie kommt	**aus** Frankfurt.
Er fährt	**nach** Spanien.	Er ist	**in** Spanien.	Er kommt	**aus** Spanien.
Sie fahren	**in die** Türkei.	Sie sind	**in der** Türkei.	Sie kommen	**aus der** Türkei.

Er geht	**nach** Hause.	Er ist	**zu** Hause.	Er kommt	**von** zu Hause.

7. der erste/zweite/dritte

	der/die/das .....
1 eins	1. **erst** – e
2 zwei	2. zwei – t – e
3 drei	3. dri – tt – e
4 vier	4. vier – t – e
5 fünf	5. fünf – t – e
6 sechs	6. sechs – t – e
7 sieben	7. sieb(en) – t – e
8 acht	8. acht – – – e
9 neun	9. neun – t – e
10 zehn	10. zehn – t – e
11 **elf**	11. elf – t – e
12 **zwölf**	12. zwölf – t – e
13 dreizehn	13. dreizehn – t – e
14 vierzehn	14. vierzehn – t – e
15 fünfzehn	15. fünfzehn – t – e
16 **sech**zehn	16. sechzehn – t – e
17 **sieb**zehn	17. siebzehn – t – e
18 achtzehn	18. achtzehn – t – e
19 neunzehn	19. neunzehn – t – e
20 **zwan**zig	20. zwanzig – **st** – e
21 einundzwanzig	21. einundzwanzig – **st** – e

Dem Sieger
3
1
2

12.
OKTOBER

Zeitpunkt:

Was für ein Tag ist heute? – Heute ist Sonntag, der **zwölfte** Oktober.

Wann kommt ihr? – Wir kommen am Sonntag, den/dem **zwölften** Oktober.

Ü1 Machen Sie Sätze

Der Kollege / Karl / Ich / Er /
Der Platz / Das Auto / Die Stadt /
Die Lehrerin / Wir / Italien /
Das Stadttor / Der Urlaub /
Meine Heimat / Das Bild

→

gratulieren
helfen
gehören
gefallen
antworten
danken

→

Tino / ihnen / dir / ihm / uns /
euch / ihr / Ihnen / mir / seinem Kollegen /
dem Lehrer / der Freundin /
den Kindern / Mirjana / seiner Frau / . . . . .

Ü2 Fragen Sie

Beispiel: Der Koffer gehört Maria. – **Wem gehört der Koffer? Gehört ihr der Koffer?**

Aufgabe: Das Auto gehört Alfonso. – Das Haus gehört Familie Schulz. – Das ist Annas Tasche. – Die Kisten gehören Josip und Josipa. – Das ist sein Mantel. – Das ist deine Schubkarre. – Das ist ihr Platz. – Die Kinokarten gehören ihnen. – Der Ball gehört Elke. – Die Zeitung gehört Karl.

Ü3 Ergänzen Sie

Beispiel: Der Platz gehört mir / uns. – **Das ist mein / unser Platz.**
Aufgabe: Der Koffer gehört uns. – Der Füller gehört mir. – Das Heft gehört mir. – Das Auto gehört uns. – Das Lokal gehört uns. – Der Ball gehört mir. – Die Flasche gehört mir. – Der Wein gehört uns. – Der Kaffee gehört mir. – Der Bleistift gehört mir. – Die Schubkarre gehört uns. – Die Pistole gehört mir. – . . . . .

Beispiel: Gehört dir/Ihnen/euch das Buch? – **Ist das dein/Ihr/euer Buch?**
Aufgabe: Gehört dir der Stuhl? – Gehört Ihnen der Platz? – Gehört euch das Auto? – Gehört dir der Ball? – Gehört euch der Wein? – Gehört Ihnen das Lokal? – Gehört Ihnen die Wohnung? – Gehört dir der Koffer? – Gehört Ihnen die Tasche? – Gehört dir der Füller? – Gehört Ihnen die Karte? – Gehört euch die Karre? – Gehört dir die Pistole? – . . . . .

Beispiel: Die Tasche gehört ihm/ihr/ihnen. – **Das ist seine/ihre/ihre Tasche.**
Aufgabe: Das Lokal gehört ihnen. – Der Koffer gehört ihm. – Der Platz gehört ihr. – Das Auto gehört ihnen. – Der Ball gehört ihm. – Das Zimmer gehört ihr. – Das Heft gehört ihr. – Der Wein gehört ihm. – Die Pistole gehört ihr. – Die Flasche gehört ihnen. – Die Schubkarre gehört ihnen. – Die Zeitung gehört ihm. – Die Kinokarte gehört ihr. – Die Wohnung gehört ihnen. – . . . . .

Ü4

1	Er arbeitet
2	Manfred kommt
3	Er ist zu Besuch
4	Lorenzo zeigt
5	Das Restaurant ist
6	Lorenzo arbeitet → d
7	Manfred ist
8	Der Platz gehört
9	Hilfst du
10	Bitte, hilf
11	Die Kinder kommen

a	aus Wolfsburg.
b	mir.
c	gegenüber der Bank.
d	bei Fiat.
e	mit dem Hammer.
f	nach Italien gereist.
g	mir?
h	ihm die Stadt.
i	bei Lorenzo.
j	aus der Schule.
k	mir!

Ü5 Antworten Sie

Beispiel: Wohin geht sie? (Arzt) – **Sie geht zum Arzt.** / Wo ist sie? (Arzt) – **Sie ist beim Arzt.** / Woher kommt sie? (Arzt) – **Sie kommt vom Arzt.**

Aufgabe: Wohin gehen sie? (Freunde) – Woher kommt er? (Türkei) – Wo ist er? (Italien) – Wohin fährt er? (Madrid) – Wohin gehen sie? (Arbeit) – Wo sind sie? (zu Hause) – Wo ist er? (Post) – Woher kommst du? (Arbeit) – Woher kommen die Kinder? (Schule) – Wohin fahren Sie? (Türkei) – Wo ist sie? (Freundinnen) – Wohin gehen Sie? (Hause) – Wo wohnt Mirjana? (Eltern) – Wohin gehen wir? (Stadttor) – Wohin gehen Sie? (Arbeit) – Woher kommst du? (Arzt) – Woher kommt ihr? (Volkshochschule) – Wohin gehst du? (Deutschkurs)

Ü6 Fragen Sie

Beispiel: Er geht zum Arbeitsamt. – **Wohin geht er?**

Aufgabe: Sie gehen nach Hause. – Er kommt von der Arbeit. – Er kommt aus der Fabrik. – Sie ist in Berlin. – Er wohnt in Hamburg. – Sie wartet beim Arzt. – Er kommt aus Portugal. – Sie kommt vom Arzt. – Ich bin zu Hause. – Ich komme gerade von meinen Freunden. – Wir fahren morgen in die Türkei. – Er kommt vom Arbeitsamt. – Sie geht zum Konsulat. – Sie gehen zum Ausländeramt.

Ü7 Machen Sie Sätze

a) "Wir gehen/fahren . . . . ."

nach	zu	zum	zur	
				Arzt.
				Hause.
				Volkshochschule.
		X		Deutschkurs.
				unseren Freunden.
				Italien.
				Arbeit.
				Encarnita.
				Istanbul.
				Wohnungsamt.

b) "Ich komme gerade . . . . ."

aus	aus der	von	vom	von der	
					Zagreb.
			X		Arzt.
					zu Hause.
					Volkshochschule.
					Deutschkurs.
					Polizei.
					meinen Freunden.
					Arbeit.
					Encarnita.
					Schule.
					Frankreich.
					Türkei.

Ü8 Machen Sie Sätze

Sie sind ►

bei
beim
bei der
in
in der

►

ihren Freunden – Ausländeramt – Berufsberatung – Vermieter – Spanien – Arbeit – Michaela – Polizei – Fabrik – Arzt – Konsulat – Initiativgruppe – Heimat – Lorenzo – Kollegen – Türkei – Belgrad – ihrer Familie

Ü9 Antworten Sie

Beispiel: Was für ein Tag ist heute? (1. 4.) – **Der erste April./Der erste vierte.**

Aufgabe: Was für ein Tag ist heute? – 25. 1. – 3. 2. – 13. 3. – 28. 4. – 31. 5. – 12. 6. – 20. 7. – 15. 8. – 17. 9. – 26. 10. – 11. 11. – 6. 12. – Fr, 25. 1. – So, 3. 2. – Di, 13. 3. – Mo, 28. 4. – Do, 31. 5. – Do, 12. 6. – Fr, 20. 7. – Mi, 17. 9. – Fr, 26. 10. – So, 11. 11. – Sa, 6. 12. . . . . .

Ü10 Antworten Sie

Beispiel: Wann kommst du an? (1. 4., 14.30) – **Am ersten vierten um 14 Uhr dreißig.**

Aufgabe: Wann kommst du an? – (25. 1., 19.15) – (3. 2., 9.00) – (11. 9., 13.55) – (7. 12., 15.23) – (22. 5., 21.45) – (16. 10., 7.10) . . . . .

Beispiel: Wann kommst du an? (Mo 1. 4., 14.30) – **Am Montag, den ersten vierten, um 14 Uhr 30.**

Aufgabe: Wann kommst du an? – (Mo, 25. 1., 19.30) – (So, 12. 4., 20.10) – (Mi, 3. 4., 7.35) – (Do, 30. 6., 11.25) – (Fr, 18. 5., 22.11) – (Sa, 15. 3., 18.16) . . . . .

Josip braucht einen Pullover

1

Eva lacht über Josip: "Wie siehst du denn aus!"
Sein Pullover gefällt ihr nicht; er ist zu klein – zu kurz und zu eng, das sieht lächerlich aus.
Josip findet ihren Hut unmöglich, der paßt überhaupt nicht zu ihr – ganz und gar nicht!
Aber Eva gefällt ihm sehr. Er findet sie schön, und das sagt er ihr auch.

– Was gefällt Eva nicht?
– Was gefällt Josip?
– Was gefällt ihm nicht?
– Gefällt **Ihnen** Eva?
Josip?
– Können **Sie** die Szene spielen?

2

Der ist Größe 50.

Der ist hübsch!

Haben Sie den in Blau?

Nein, leider nicht.

Was kostet der?

98 Mark. Er ist ganz weich!

Gut, den nehme ich.
Soll ich den nehmen?
Nein, der gefällt mir doch nicht so gut, vielen Dank!
Haben Sie noch ein anderes Modell?
Der ist mir zu teuer, vielen Dank!
- - - - - - - - - - -
- - - - - - - - - - -
Kannst du mir Geld leihen?

3

①

KATALOG

Wie finden Sie das?

Scheußlich!

Was? Ich finde es toll!

Wirklich??

②

BAYERN 3
GÄSTE 0

○ Müller ist heute phantastisch.
● Ich finde Maier noch besser.
○ Ja, da haben Sie recht.
Aber der Schiedsrichter .....
● Eine Katastrophe!
○ Wirklich!

③

Na, wie schmeckt dir das?

Die Bratwürste sind sehr gut. Aber das Sauerkraut schmeckt mir nicht.

④

○ Wie gefällt dir das Kleid?
● Welches?
○ Das da!
● Nicht so gut, etwas langweilig.
○ Hm, das finde ich nicht.
● Das da hinten gefällt mir besser.
So?

Wie finden Sie / findest du	das ... / den ... / die ...	?	Phantastisch!	Das finde ich nicht!
			Ausgezeichnet!	So?
			Toll/Prima!	Wirklich?
			Sehr gut!	Stimmt!
			Gut.	Da haben Sie recht!
Wie gefällt Ihnen / dir	das ... / der ... / die ...	?	Es geht.	Das finde ich auch!
			Etwas langweilig.	Wirklich!
			Komisch.	Ganz richtig!
			Nicht so gut.	
Wie schmeckt Ihnen / dir	das ... / der ... / die ...	?	Schlecht.	
			Scheußlich!	
			Eine Katastrophe!	

4

1
Das ist nicht mein Gepäck!!!
Eine Tasche und ein Paket.
Eine große schwarze.
Was für Gepäck haben Sie?
Und was für eine Tasche ist das?

637
GEPÄCK-SCHEIN
637

2
Mein Mantel ist weg!!! Ein dunkelblauer. Ja, ein ganz neuer!
Was für ein Mantel war das? Neu? Oh, das tut mir leid!

3
Ein riesiger Mann mit Bart und Brille!! Schrecklich!!

4
Aber sicher, das ist ein ganz ruhiges Zimmer.

Was für Gepäck haben Sie?	Eine Tasche und ein Paket.
Was für eine Tasche ist das?	Eine große schwarze.
Was für ein Mantel war das?	Ein dunkelblauer, ein ganz neuer.
Was für ein Zimmer?	Ein ruhiges Zimmer./ Ein Einzelzimmer mit Bad.

5

Vermietungen

5-Zi.-Whg., Kustermannpark, 135 □, ab sof., 1900,– inkl. NK. **T. 698485, 13–18 Uhr.**

3-Zi.-Whg., Halbmansarde, sof. zu verm., Mte. 600,– + NK/Kt. Beding. weibl. Hilfe in Lebensmittelgesch., keine Ausländer. **Tel. 6411983**

Zimmer i. priv. Studentenwohnheim f. männl. Studenten, Mü.-Bogenhausen, Maria-Theresia-Str. 4, **Tel. 4702290**

Appartement sof. zu verm. 420,– inkl. Augustenstr. 73, **T. 521611**

Nähe Olympia kl. möbl. App. an ruh. Herrn, DM 400,– + KT, **Tel. 2515283**

2-Zi.-Whg., Mü. 60, 55 □, 750,– inkl. Gge/NK + HZ **Imm. Kremer, T. 3510809**

Olching, 2 Zi.
Kü., Bad, Balkon, ca. 53 qm,
Nähe Bahnhof, DM 520,– u. NK
u. Kt., nur an deutsches Ehepaar.
Immobilien Merkl
Telefon 0 81 42/1 23 84

Abkürzungen in Anzeigen

Zi.	=	**Zi**mmer	Kt./KT	=	**K**au**t**ion	möbl.	=	**möbl**iert
Whg.	=	**Wohnung**	Beding.	=	**Beding**ung	App.	=	**App**artement
□	=	Quadratmeter	weibl.	=	**weibl**ich	ruh.	=	**ruh**ig
sof.	=	**sof**ort	-gesch.	=	**-gesch**äft	Mü.	=	**Mü**nchen
inkl.	=	**inkl**usive	i.	=	**i**n	Gge.	=	**G**ara**ge**
NK	=	**N**eben**k**osten	priv.	=	**priv**at	HZ	=	**H**ei**z**ung
T./Tel.	=	**Tel**efon	f.	=	**f**ür	Kü.	=	**Kü**che
verm.	=	**verm**ieten	männl.	=	**männl**ich	ca.	=	**c**irc**a**
Mte.	=	**M**ie**te**	kl.	=	**kl**ein	u.	=	**u**nd

Ein deutsch**er** Vermieter Ein deutsch**es** Geschäft	sucht vermietet nur an	ein**en** ruhig**en** Herrn. ein deutsch**es** Ehepaar. ein**e** weiblich**e** Hilfe.
Ein privat**es** Studentenwohnheim Ein deutsch**es** Geschäft	sucht/wünscht/will vermietet an	männlich**e** Studenten. kein**e** ausländisch**en** Mieter/Arbeitnehmer.

Wir vermieten ein klein**es** möbliert**es** Appartement an ein**en** ruhig**en** Herrn.

Ü1

Ausspracheübung

[y:] früh, früher, grüßen, müde, Gemüse, Bügeleisen, für, Füße, natürlich, Tüte, Hühner, überall, gegenüber, Übung

[ʏ] Brüste, zurück, Müller, München, müssen, Füller, fünf, Würstchen, wünschen, türkisch, Entzündung, hübsch

[ø:] Größe, mögen, möglichst, böse, stöhnen, schön, König, Goethe, Hörer, gehören, Österreich

[œ] Röcke, möchte, Knöchel, zwölf, Wörter, Körper, Körbe, Köln, können

[r] rechts, Radio, rot, Reise, raus, Praxis, Braun, Frau, trinken, schreiben, krank, groß;
notieren, Lehrer, hören, Gitarre, zurück, lernen, Körper, Arbeit, fertig, türkisch, Fabrik;
Herr, Jahr, warm, Durst, Mark, Kurs, durch

[l] Lied, links, leben, lernen, Land, Lager, Lokal, los, Lunge, leider, laufen;
Platz, blau, Flasche, Pflege, klein, gleich;
spielen, fehlen, Stelle, zählen, gefallen, malen, Kuli

[ŋ] bringen, Finger, Inge, lange, anfangen, Lunge, Junge, Hunger;
eng, lang, Verzeihung, Kleidung, Heizung

[ŋk] trinken, linke, Schenkel, kranke, Frankreich;
Schrank, krank, Bank, links

Ü2

Ich suche einen Pullover

○ Guten Tag! Sie wünschen, bitte?

● Ich suche einen Pullover, Größe 50.

○ Der ist Größe 50. Welche Farbe?

● Haben Sie den in Blau?

○ Nein, leider nicht. Nur in Rot.

● Was kostet der?

○ 68 Mark.

● Gut, den nehme ich.

Gr. 48 F.: blau DM 320,– 	Gr. 48 F.: grün DM 120,– 	Gr. 50 F.: grau DM 45,– 	Gr. 52 F.: braun DM 155,– 

F.: rot DM 22,– 	Gr. 46 F.: schwarz DM 89,– 	Gr. 40 F.: weiß DM 55,– 	Gr. 38 F.: gelb DM 98,– 	Gr. 36 F.: beige DM 125,– 

Ü3

A ○ Wie gefällt dir mein Hut?
● . . . . .
Und wie gefällt dir mein Hemd?
○ . . . . .

B ○ Wie gefällt Ihnen mein . . . . .?
● . . . . .
Und wie gefällt Ihnen . . . . .?
○ . . . . .

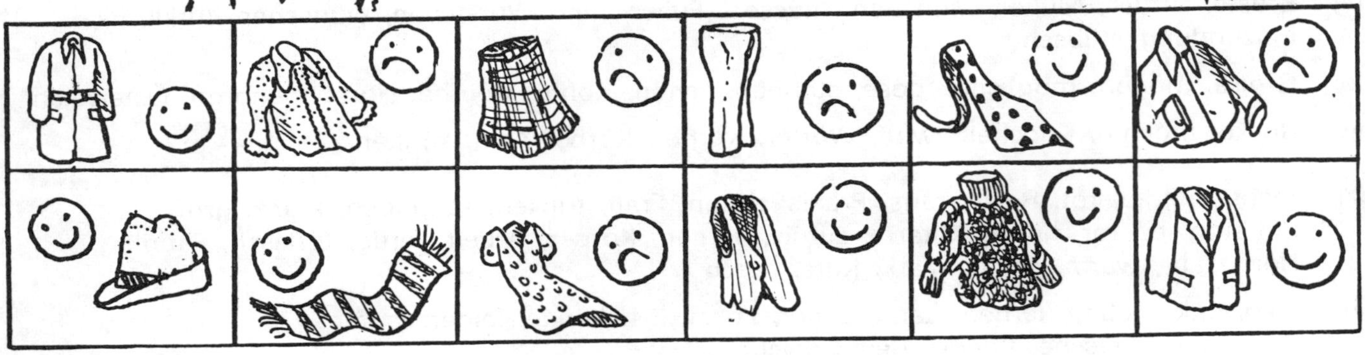

Ü4 **Was für ein Koffer?**

○ Mein Koffer ist weg!
● Was für ein Koffer war das?
○ Ein kleiner grauer.

Ü5 **Was suchst du?**

○ Was suchst du?
● Meine Tasche!
○ Welche?
● Die braune.

Tonbandgerät	schwarz	hellblau
Tasche	weiß	dunkelblau
Koffer	grau	gelbgrün
Paket	rot	rot-weiß
Mantel	gelb	
Sakko	orange	neu
Hut	beige	alt
Krawatte	braun	gut
Pullover	grün	teuer
Hemd	blau	sehr schön
Bluse		ganz neu

Ü6

Was für ein Mann?

○ Was für ein Mann war denn das?
● Ein großer, schwarzhaariger mit Bart und Brille!

	klein dick große Ohren		groß schlank hübsch Bart		rothaarig ruhig Mantel
	sehr groß blond Bart Brille		klein nett langhaarig		groß dick Hut

Ü7 Schreiben Sie diese Anzeigen mit Abkürzungen

Beispiel:

Guterhaltene Waschmaschine mit 4 Programmen und Wäscheschleuder für DM 600,– zu verkaufen. Telefon 099/32 74 61 abends.

Guterh. Waschm. m. 4 Progr. u. Wäscheschl. f. 600.– z. verk. T. 089/327461 abds.

Verkäufe

Neue Baby-Stubenwagen, Baby-Kleidung und Wäsche verkauft Tel. 0 99/8 41 40 18

Schlafzimmerschrank 5-türig, 5 Sitzelemente grün, Kühlschrank, Elektroherd, Tisch, 2 Teppiche billig abzugeben. Tel. 0 99/8 41 67 87

Käufe

Suche Eisschrank und großen Spiegel. Ruf: 0 99/8 41 42 13

Kinder-Skiausrüstung, komplett, Schuhgröße 31, für 6jähriges Mädchen gesucht. Telefon 3 94 28 75 nach 18 Uhr.

Ü8 Schreiben Sie Ihre eigene Anzeige mit Abkürzungen

Private Kleinanzeigen - Coupon

1

2

3

4

5

Jede Zeile kostet DM 4.00 Ausgabe SCHW.

Ihre Anzeige steht in 66.800 Exemplaren

So füllen Sie Ihren Coupon aus:
Schreiben Sie in jedes Kästchen einen Buchstaben - nach jedem Wort oder Satzzeichen ein Feld freilassen. Sie sehen dann, wie viele Zeilen Sie benötigen und was Ihre Anzeige kostet. Bei Chiffre-Anzeigen kommen bei Abholung Geschäftsstelle DM 3.40, bei Postzustellung DM 5.65 hinzu. Betrag per **Euro-Scheck** oder Vorauszahlungsbeleg. (Postabschnitt oder Bankquittung) mit einsenden.

Kontonummern: Postscheck München 82 100-800, Hypo-Bank München 1990072 406

Anzeigenannahme: Viktor-Scheffel-Straße 23, Mü. 40

Postanschrift: münchner wochenblatt, Postfach 207, München 33

Name Vorname

Straße, Nr.

PLZ/Wohnort:

Telefon Unterschrift

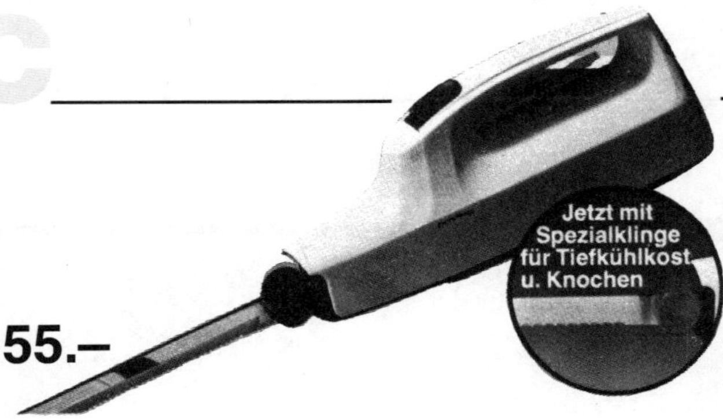
Jetzt mit Spezialklinge für Tiefkühlkost u. Knochen
55.–

Preissensation!!
Waschmaschine
nur
und 10 Monats
COLOR
Die UNIVERSAL-MAS·
für die Küche
nur 250,-
180,-
195,-
480,-
EIN-WEG-BOX

Herr Hering ist Verkäufer in einem Elektrogeschäft. Er wartet auf Kunden. Da kommt ein Ehepaar. Der Mann hat einen großen Schnurrbart.
"Das sind bestimmt Ausländer", denkt Herr Hering, "hoffentlich sprechen die Deutsch!"
"Wir suchen ein Küchenmesser," sagt der Mann.
"Ein Küchenmesser?"
"Ja, ein großes, scharfes für Fleisch, Wurst, Brot."
"Ah, ich verstehe, Moment mal – hier, ein elektrisches Messer mit Spezialklinge."
"Nein, nein, wir brauchen ein ganz normales Küchenmesser," sagt die Frau.
"Was heißt hier ein 'normales' Küchenmesser? Dies hier ist auch ein 'normales' Messer! Nur ist es viel besser als ein 'normales' Messer; es hat eine Spezialklinge, es geht elektrisch und automatisch. Man schneidet ganz leicht, fein und scharf. Das Messer rutscht nicht ab. Sehen Sie, wenn Sie zum Beispiel Fleisch schneiden, Hammelfleisch, dann ist ein normales Messer oft nicht scharf genug, man schneidet viel zu dicke Stücke. Aber mit diesem elektrischen Messer schneiden Sie hauchdünne Scheiben; es ist immer gleich scharf."
"Ja, aber . . ."
"Ja, ich weiß schon. Sie schneiden nicht nur Fleisch, natürlich nicht. Das ist ja gerade der Vorteil: Dieses elektrische Messer schneidet auch hartes Brot, ja sogar gefrorenes Fleisch aus der Tiefkühltruhe! Dafür haben wir ein zusätzliches Messer, sehen Sie: hier. Einfach reinstecken, und schon geht es los, spielend leicht und messerscharf! Dieses Messer schneidet sogar Knochen, dicke Knochen! Ja, da staunen Sie! Sehen Sie, ein normales, gewöhnliches Messer ist immer stumpf; nur 2–3 Wochen, und schon ist es stumpf. Und hier? Kein Problem. Dieses elektrische Messer ist immer gleich scharf. Ein Jahr Garantie! – Na? Also?"
"Nein, wir brauchen ein einfaches Küchenmesser! Haben Sie keine einfachen Messer?"
"Einfache Messer? Nein, die haben wir nicht. Wir sind ein Spezialgeschäft!"
"Auf Wiedersehen!"
"Moment mal!"
"Auf Wiedersehen!"
Und schon sind die beiden draußen. "Komische Leute," denkt Herr Hering, "die verstehen einfach nicht genug Deutsch."

1. Bestimmter Artikel und Demonstrativpronomen

Singular		
Nom.	der Pullover	**der / dieser** Pullover
Akk.	den Pullover	**den / diesen** Pullover
Plural		
Nom.	die Pullover	**die / diese** Pullover
Akk.	die Pullover	**die / diese** Pullover
Singular		
Nom.	das Zimmer	**das / dieses** Zimmer
Akk.	das Zimmer	**das / dieses** Zimmer
Plural		
Nom.	die Zimmer	**die / diese** Zimmer
Akk.	die Zimmer	**die / diese** Zimmer
Singular		
Nom.	die Tasche	**die / diese** Tasche
Akk.	die Tasche	**die / diese** Tasche
Plural		
Nom.	die Taschen	**die / diese** Taschen
Akk.	die Taschen	**die / diese** Taschen

Ich nehme doch lieber diesen.

2. Fragewort + Substantiv

Singular	**mask.**	**neutr.**	**fem.**
Nom.	was für ein / welcher Mantel?	was für ein / welches Kleid?	was für eine / welche Hose?
Akk.	was für einen / welchen Mantel?	was für ein / welches Kleid?	was für eine / welche Hose?
Plural			
Nom.	was für – / welche Mäntel?	was für – / welche Kleider?	was für – / welche Hosen?
Akk.	was für – / welche Mäntel?	was für – / welche Kleider?	was für – / welche Hosen?

Was für einen Pullover?
Einen blauen mit V-Ausschnitt.
BULL's JEANS & JACKETS
OUTSIDER

Welchen?
Diesen!
his:Jeans
WE ARE THE OUTSIDER

3. Das Adjektiv

Der Pullover Das Kleid Die Hose	**ist**	blau. rot. schwarz.
Die Pullover Die Kleider Die Hosen	**sind**	blau. rot. schwarz.

aber:

Das ist	der blau – e das rot – e die schwarz – e	Pullover. Kleid. Hose.
Das sind	die blau – en die rot – en die schwarz – en	Pullover. Kleider. Hosen.

4. Adjektiv + Substantiv

a) der/das/die + Adjektiv + Substantiv

Singular	**mask.**	**neutr.**	**fem.**
Nom.	der blau – e Pullover	das rot – e Kleid	die schwarz – e Hose
Akk.	den blau – en Pullover	das rot – e Kleid	die schwarz – e Hose
Plural			
Nom.	die blau – en Pullover	die rot – en Kleider	die schwarz – en Hosen
Akk.	die blau – en Pullover	das rot – en Kleider	die schwarz – en Hosen

b) ein/ein/eine + Adjektiv + Substantiv

Singular	**mask.**	**neutr.**	**fem.**
Nom.	(ein) blau – er Pullover	(ein) rot – es Kleid	(eine) schwarz – e Hose
Akk.	(einen) blau – en Pullover	(ein) rot – es Kleid	(eine) schwarz – e Hose
Plural			
Nom.	– blau – e Pullover	– rot – e Kleider	– schwarz – e Hosen
Akk.	– blau – e Pullover	– rot – e Kleider	– schwarz – e Hosen

c) mein/dein/sein . . . . . + Adjektiv + Substantiv

Singular	**mask.**	**neutr.**	**fem.**
Nom.	mein blau – er Pullover	mein rot – es Kleid	meine schwarz – e Hose
Akk.	meinen blau – en Pullover	mein rot – es Kleid	meine schwarz – e Hose
Plural			
Nom.	meine blau – en Pullover	meine rot – en Kleider	meine schwarz – en Hosen
Akk.	meine blau – en Pullover	meine rot – en Kleider	meine schwarz – en Hosen

Ü1 **Ergänzen Sie**

1. Wir vermieten ein klein*es* möbliert*es* Zimmer an einen ruhig . . . . . Herrn. 2. Schön . . . . . hell . . . . . Appartement an deutsch . . . . . Ehepaar zu vermieten. 3. Möbliert . . . . . Wohnung im Stadtzentrum an berufstätig . . . . . Dame zu vermieten. 4. Verkaufe guterhalten . . . . . FordTransit Bj. 79. 5. Habe mein . . . . . türkisch . . . . . Reisepaß verloren, Tel. 1 42 02. 6. Verkaufe grün . . . . . Sofa, französisch . . . . . Doppelbett, neu . . . . . Kühlschrank. 7. Suche klein . . . . . möbliert . . . . . Zimmer bis 450,– in Uni.-Nähe. 8. Verkaufe gebraucht . . . . . elegant . . . . . Damenkleider. 9. Klein . . . . . schwarz . . . . . Pudel entlaufen, Tel. 3 89 81. 10. Habe groß . . . . . schwarz . . . . . Koffer im Zug München –Nürnberg vergessen.

Ü2 Fragen und antworten Sie

Beispiel: **Der** Pullover ist hübsch. – **Welcher?** – Dieser!/Der da!
Das Kleid ist hübsch. – **Welches?** – Dieses!/Das da!
Die Hose ist hübsch. – **Welche?** – Diese!/Die da!

Aufgabe: . . . . . Hut ist phantastisch. – . . . . . Bild ist scheußlich. – . . . . . Mantel ist teuer. – . . . . . Tasche ist toll. . . . . . Bluse ist hübsch. – . . . . . Brot ist gut. – . . . . . Wein ist ausgezeichnet . . . . .

Ü3 Frage und Antwort

1	Was für einen Anzug suchen Sie?
2	Welchen Mantel?
3	Was kostet dieser Pullover?
4	Gehört Ihnen diese Tasche?
5	Welches Zimmer hast du gemietet?
6	Was für ein Mantel war das? → d
7	Welches Kleid?
8	Was für Gepäck haben Sie?
9	Was für ein Messer?
10	Haben Sie keine einfachen Messer?
11	Was für ein Pullover?
12	Nehmen Sie diese Hose?

a	Nein, ich nehme diese!
b	Einen blauen mit V-Ausschnitt.
c	Den hier!
d	Ein dunkelblauer.
e	Nein, die gehört mir nicht.
f	Das kleine in der Marktstraße.
g	Nein, die haben wir nicht.
h	Das da!
i	Einen preiswerten, braunen.
j	85 Mark.
k	Ein großes, scharfes.
l	Eine Tasche und ein Paket.

Ü4 Ergänzen Sie

Beispiel: Der Pullover ist hübsch. **– Das ist ein hübscher Pullover.**
Das Kleid ist hübsch. **– Das ist ein hübsches Kleid.**
Die Hose ist hübsch. **– Das ist eine hübsche Hose.**

Aufgabe: Der Hut ist scheußlich. – Das Bild ist phantastisch. – Die Tasche ist teuer. – Die Wohnung ist hell. – Das Zimmer ist groß. – Der Mantel ist teuer. – . . . . .

Beispiel: Die Pullover / Die Kleider / Die Hosen | sind hübsch. – **Das sind** | **hübsche Pullover. / hübsche Kleider. / hübsche Hosen.**

Aufgabe: Die Hüte sind phantastisch. – Die Zimmer sind hell. – Die Taschen sind schön. – Die Bilder sind scheußlich. – Die Mäntel sind neu. – Die Blusen sind teuer. – . . . . .

Ü5 Ergänzen und antworten Sie

Beispiel: Wie gefällt dir mein **neuer** Hut? **– Der gefällt mir sehr gut.**
Wie gefällt dir mein **neues** Kleid? **– Das gefällt mir nicht.**
Wie gefällt dir meine **neue** Tasche? **– Die gefällt mir ganz gut.**

Aufgabe: Wie gefällt dir meine (schwarz-) Hose? – Wie gefällt dir mein (neu-) Mantel? – Wie gefällt dir meine (gelb-) Bluse? – Wie gefällt dir mein (rot-) Rock? – Wie gefällt dir mein (neu-) Pullover? – Wie gefällt dir meine (blau-) Jacke?

Beispiel: Wie findest du meinen **neuen** Hut? **– Ich finde ihn nicht schön.**
Wie findest du mein **neues** Kleid? **– Ich finde es phantastisch.**
Wie findest du meine **neue** Tasche? **– Ich finde sie hübsch.**

Aufgabe: Wie findest du meinen (schwarz-) Mantel? – Wie findest du meine (gelb-) Hose? – Wie findest du meinen (grün-) Rock? – Wie findest du mein (rot-) Sakko? – Wie findest du meinen (blau-) Pullover? – Wie findest du meine (neu-) Jacke?

Beispiel: Wie gefallen Ihnen **die schwarzen** Mäntel? – **Die gefallen mir nicht.**

Aufgabe: Wie gefallen Ihnen die (braun-) Blusen? – Wie gefallen Ihnen die (rot-) Krawatten? – Wie gefallen Ihnen die (blau-) Pullover? – Wie gefallen Ihnen die (weiß-) Kleider? – Wie gefallen Ihnen die (groß-) Hüte? – Wie gefallen Ihnen die (gelb-) Hosen?

Wieder die Hälfte unsicher

- Vergleichen Sie die Preise.
- Welcher Kinderwagen ist am billigsten?
- Welcher ist am besten?
- Welcher ist preiswert und gut?
- Was ist besonders wichtig für einen Kinderwagen?

STIFTUNG WARENTEST
test KOMPASS

KINDERSPORTWAGEN

	Preis in DM ca. mit Bespannung Baumwoll-Cord	Sicherheit	Haltbarkeit	Handhabung	Eignung für das Kind	test-Qualitätsurteil
Bewertung		**20%**	**25%**	**25%**	**30%**	
Quelle Art.-Nr. 009.894/5[4])	109,–	baugleich mit Eschi Art.-Nr. 2277.1				**zufriedenstellend**
Eschi Art.-Nr. 2277.1[1])	119,–[5])	o	+	o	o	**zufriedenstellend**
Herlag Serie 84	129,–	–*)	++	o	o	**mangelhaft**
Princess Art.-Nr. 1908	139,–	–*)	– –	+	o	**mangelhaft**
PEG Capri L 5[2])	143,–	o	+	o	o	**zufriedenstellend**
Neckermann Art.-Nr. 691/119[4])	145,–	baugleich mit Princess Art.-Nr. 1950				**zufriedenstellend**
Hartan Art.-Nr. 721	149,–	o	+	+	o	**zufriedenstellend**
Otto Best.-Nr. 498 036	149,–	o	–	+	o	**zufriedenstellend**
Eschi Art.-Nr. 2301.2[1])	159,–	o	+	+	o	**zufriedenstellend**
Princess Art.-Nr. 1950	159,–	o	–	+	o	**zufriedenstellend**
Hartan Art.-Nr. 735	165,–	–*)	–	+	+	**mangelhaft**
Herlag Serie 86	169,–	–*)	++	+	o	**mangelhaft**
Excelsior Holiday	170,–[6])	+	++	o	o	**zufriedenstellend**
Hesba Art.-Nr. 420	170,–	–*)[3])	+	+	o	**mangelhaft**
Fischer Art.-Nr. 294	185,–	–*)	o	+	o	**mangelhaft**
Streng Art.-Nr. 81-320	185,–	+	+	+	o	**gut**
Teutonia Pionier	198,–	–*)[3])	– –	+	+	**mangelhaft**
Streng Art.-Nr. 85-308	199,–	o	+	+	o	**zufriedenstellend**
Knorr Art.-Nr. 5067/15	209,–	o	++	+	o	**gut**
Quelle Art.-Nr. 009.890[4])	229,–	baugleich mit Hesba Art.-Nr. 335				**mangelhaft**
Fischer Art.-Nr. 202 V	250,–[5])[9])	–*)	–	o	o	**mangelhaft**
Hesba Art.-Nr. 335	259,–[9])	–*)[3])	– –	+	o	**mangelhaft**
Silver Cross Super Carnival	279,–[7])[8])	+	–	+	–*)	**mangelhaft**
Teutonia Senator	309,–[8])	–*)[3])	– –	+	+	**mangelhaft**
Zwillingswagen						
Baby Walz Art.-Nr. 1954	268,–	baugleich mit Streng Art.-Nr. 37-654				**mangelhaft**
Streng Art.-Nr. 37-654	300,–	–*)	–	+	o	**mangelhaft**

Reihenfolge der Bewertung: ++ = sehr gut, + = gut, o = zufriedenstellend, – = mangelhaft, – – = sehr mangelhaft

***) Führt zur Abwertung**
[1]) Lt. Anbieter Gestell inzwischen verbessert
[2]) Lt. Anbieter inzwischen nicht mehr hergestellt
[3]) Lt. Anbieter Schiebersicherung inzwischen geändert
[4]) Lt. Anbieter im Frühjahr/Sommer-Katalog '80 nicht mehr angeboten
[5]) Preis gilt für Bespannung aus Perlon-Cord
[6]) Preis gilt für Bespannung aus Dralon (mit Einkaufskorb)
[7]) Preis gilt für Bespannung aus Stylon
[8]) Mit Verdeck, Regenschutz und Einkaufskorb
[9]) Mit Verdeck und Regenschutz

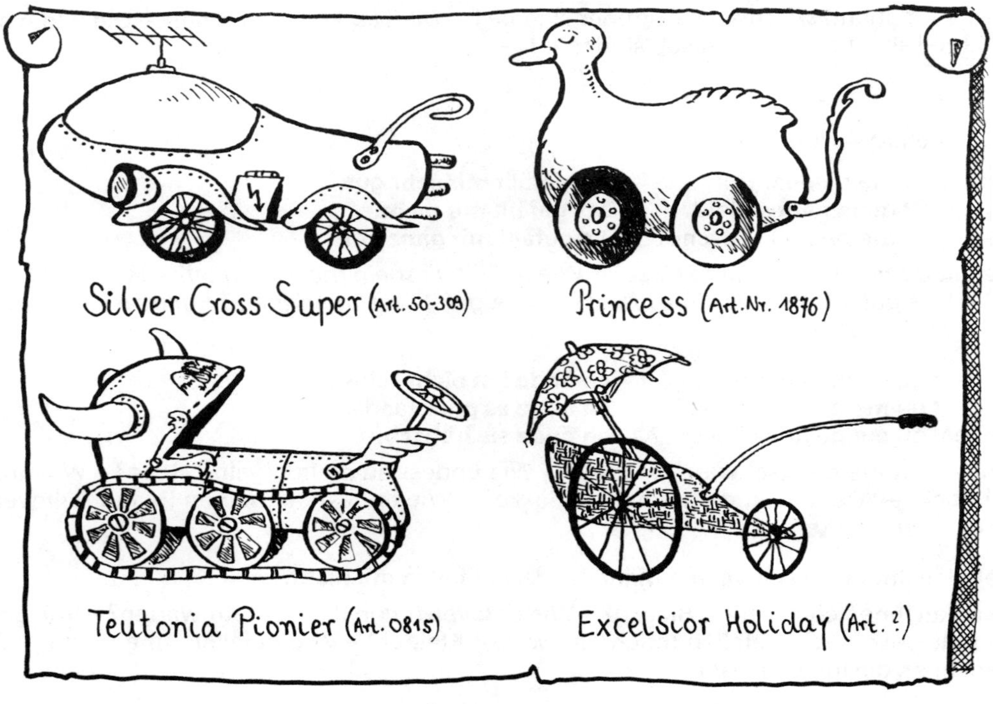
Silver Cross Super (Art. 50-309)
Princess (Art.-Nr. 1876)
Teutonia Pionier (Art. 0815)
Excelsior Holiday (Art. ?)

1

P
NUR GÄSTE!

Komm, steig ein!

Was willst du?

Ich bring dich nach Hause.

Das kannst du nicht,
du bist betrunken!

Quatsch, komm, steig ein!

Hör auf! Das darfst du nicht!

Wer sagt das?

Die Polizei!

Das stimmt!
Du hast recht!
Was machen wir jetzt?

Wir nehmen ein Taxi.
Wir gehen zu Fuß.
Ich rufe meine Frau an ...
Wir trinken weiter!
....

Das ist mir egal!
Ich will nach Hause!

Ich fahre nicht mit!
Mach, was du willst!
....
Mit dir trinke ich nie wieder!
Du bist verrückt!

Komm, steig ein! Ich bring dich nach Hause.	Das darfst du nicht! Das kannst du nicht!	Wer sagt das? Natürlich kann ich! Ich will nach Hause! Du hast recht!

2

ZUGAUSKUNFT
DB GRUPPENREISEN

Fahrplan–Auszug vom 28. Mai bis 30. September
(ohne Gewähr) Gleisänderungen vorbehalten, Lautsprecheransage beachten
von München Hbf nach FRANKFURT (MAIN) HBF
und zurück
Fernstreckennummer 80 / 90

km	Fahrpreis		Tarifänderungen vorbehalten	
423	**Einfach** 1. Klasse	85.– DM	Vorzugskarte 1. Klasse	146.– DM
	2. Klasse	54.– DM	2. Klasse	92.– DM

Abfahrt dep.	Zug-Nr. train	Gleis track	Ankunft arr	Besonderheiten remarks (U = umsteigen, U = change)
7.10	D 714	20	12.05	
7.55	D 588	21	12.19	U Würzburg an 10.33, ab 10.40
8.47	TEE 14	21	13.16	nur 1. Klasse, Mo bis Fr
				U Mannheim an 12.28, ab 12.33 (IC)
9.45	D 514	21	14.41	U Heidelberg an 13.35, ab 13.53
10.44	IC 188	16	14.30	U Würzburg an 13.06, ab 13.12
10.48	TEE 16	20	15.16	nur 1. Klasse
				U Heidelberg an 14.18, ab 14.26 (D)

○ Ich möchte nach Frankfurt.
● Wann wollen Sie fahren?
○ Morgen früh.
● Sie können um 7.55 Uhr fahren, dann sind Sie um 12.19 Uhr in Frankfurt.
○ Lieber etwas später!
● Um 8.47 Uhr, dann müssen Sie in Mannheim umsteigen. Aber das ist ein TEE, der hat nur erster Klasse.
○ Nein, ich fahre zweiter.
● Dann um 9.45 Uhr. In Heidelberg umsteigen.
○ Gibt es keine direkte Verbindung nach Frankfurt?
● Doch, um 7.10 Uhr.
○ Den nehme ich! Vielen Dank!

Der Herr will nach Frankfurt.
Er will morgen früh fahren.
Er kann schon um 7.55 Uhr fahren, aber das ist ihm zu früh.
Er kann auch um 8.47 Uhr fahren, dann muß er in Mannheim umsteigen. Aber das ist ein TEE, das sind besonders schnelle Züge.
Man braucht dafür eine Fahrkarte erster Klasse.
Der Herr will zweiter Klasse fahren und nicht umsteigen.
Er nimmt den Zug um 7.10 Uhr.
Der ist um 12.05 Uhr in Frankfurt.

Ich **möchte** nach Frankfurt.	Wann **wollen** Sie fahren?
Wann **kann** ich fahren?	Sie **können** um 7.55 Uhr fahren.
Wo **muß** ich umsteigen?	Sie **müssen** in Würzburg umsteigen.
Kann ich etwas später fahren?	Ja, Sie **können** um 8.47 Uhr fahren.
Muß ich umsteigen?	Ja, in Mannheim.
	Nein, der fährt direkt nach Frankfurt.

3

BISSIGER HUND!
EINFAHRT FREIHALTEN!
DER BESITZER

○ Können Sie nicht lesen?
● Wie bitte?
○ Warum parken Sie vor meiner Einfahrt?
Hier dürfen Sie nicht parken!
Da ist doch das Schild!

○ Hier dürfen Sie nicht parken!
● Wie bitte?
○ Das ist meine Einfahrt.
Ich kann hier nicht 'raus.
Ich warte schon eine Stunde.

Es tut mir ja auch leid!
Das habe ich doch nicht gesehen!
Ja, ja, schon gut!
Warum sind Sie so unhöflich?

Ich komme aus Frankreich.
Oh, das tut mir leid!
Entschuldigen Sie! Das habe ich nicht gesehen.
Ich fahre sofort weg!

Können Sie nicht lesen? Hier dürfen Sie nicht parken! Ich kann hier nicht raus.	Entschuldigen Sie! Das tut mir leid! Ich fahre sofort weg. Warum sind Sie so unhöflich? Wie bitte?

4 ①

S2
Petershausen
Esterhofen
Röhrmoos
Indersdorf
Arnbach
Niederroth
Schwabhausen
Bachern
Webling
Bröllenau
Walpertshofen
Dachau
(721)
Eisolzried
Günding
Karlsfeld
Allach
Moosach
Neuesting
Olching

EINZELFAHRKARTEN
MEHRFAHRTENKARTEN

○ Entschuldigung!
Können Sie mir helfen?
● Ja, bitte.
○ Ich brauche eine Fahrkarte, aber ich verstehe das hier nicht.
● Wo wollen Sie denn hin?
○ Nach Petershausen.
● Nach Petershausen? – Drei Mark. Da müssen Sie hier drei Mark einwerfen.

②

ENKARTEN !

KIOSK
Kein
ASTERIX
PLAYBOY
BILD
nur 1,80

○ Entschuldigung!
Ich brauche Kleingeld.
Können Sie mir zehn Mark wechseln?
● Tut mir leid.
Ich habe kein Kleingeld.
Fragen Sie doch mal am Kiosk.

③

S7

○ Die fährt doch nach Petershausen?
● Ja, ja, die fährt nach Petershausen.
○ Meine Karte – ist die richtig?
● Ja, aber Sie haben nicht gestempelt!
○ Gestempelt??
● Hier, sehen Sie!
○ Ist das schlimm?
● So dürfen Sie nicht fahren!
○ Oh . . . . . Und was mache ich jetzt?

④

MVV

Die Fahrausweise bitte!

⑤

○ Vielen Dank!
● Bitte, bitte!

5

Die Stadt war mal schön.
Hier war die Altstadt.
1945 war alles kaputt.

Wo war die Paulskirche?

Da rechts,
die steht noch.

War die nicht kaputt?

Doch, die ist wieder aufgebaut.

6

Wo warst du so lange?
Hallo alter Freund, hattest du keine Zeit?
Wir waren alle hier!
Ich hatte Urlaub. Wir waren in ......

Jannis Stefanopoulos hat drei Freunde. Sie gehen jeden Mittwoch in den Arbeiterverein und spielen Tavla. Vier Wochen war Jannis nicht da. Er hatte Urlaub und war mit seiner Familie in Griechenland. Aber heute ist er wieder da. Seine Freunde fragen ihn: "Wo warst du?"

Wo war die Paulskirche?	– Da rechts.	Wo warst du?	– Ich hatte Urlaub.
War die nicht kaputt?	– Doch!	Hattest du keine Zeit?	– Wir waren in Griechenland.

Ü1

Intonation

○ Komm, steig ein!

● Was willst du?

○ Ich bring dich nach Hause.

● Das kannst du nicht! Du bist betrunken!

○ Ich möchte nach Frankfurt.

● Wann wollen Sie fahren?

○ Morgen früh.

● Sie können um sieben Uhr fünfundfünfzig fahren.

Ü2

Deutsche Bundesbahn

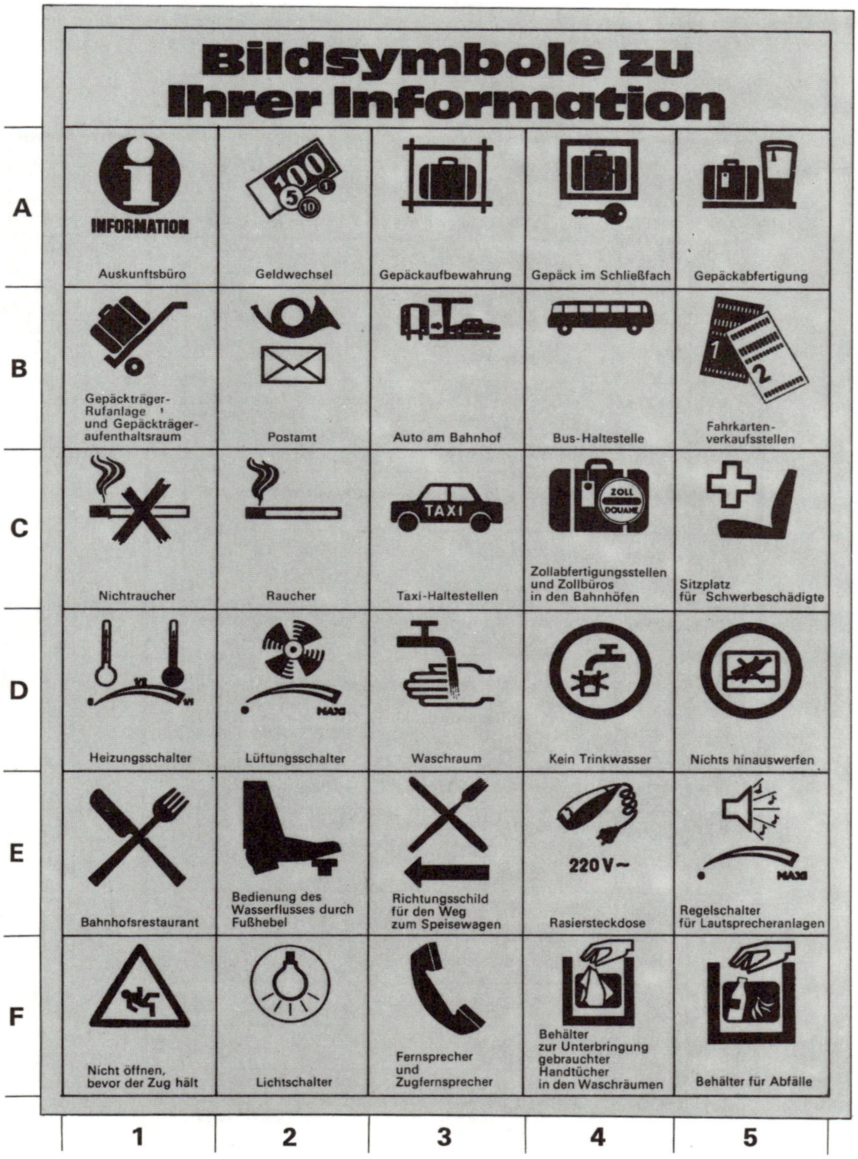
Bildsymbole zu Ihrer Information
A
INFORMATION
Auskunftsbüro
Geldwechsel
Gepäckaufbewahrung
Gepäck im Schließfach
Gepäckabfertigung
B
Gepäckträger-Rufanlage und Gepäckträger-aufenthaltsraum
Postamt
Auto am Bahnhof
Bus-Haltestelle
Fahrkarten-verkaufsstellen
C
Nichtraucher
Raucher
TAXI
Taxi-Haltestellen
ZOLL DOUANE
Zollabfertigungsstellen und Zollbüros in den Bahnhöfen
Sitzplatz für Schwerbeschädigte
D
Heizungsschalter
MAXI
Lüftungsschalter
Waschraum
Kein Trinkwasser
Nichts hinauswerfen
E
Bahnhofsrestaurant
Bedienung des Wasserflusses durch Fußhebel
Richtungsschild für den Weg zum Speisewagen
220 V~
Rasiersteckdose
MAXI
Regelschalter für Lautsprecheranlagen
F
Nicht öffnen, bevor der Zug hält
Lichtschalter
Fernsprecher und Zugfernsprecher
Behälter zur Unterbringung gebrauchter Handtücher in den Waschräumen
Behälter für Abfälle
1
2
3
4
5

Was sagen diese Bilder?

HIER KANN ICH	(NICHT)	.....
MAN	(KEIN)	.....
HIER DARF ICH	(KEINE)	.....
MAN	(KEINEN)	.....

fragen
Geld wechseln
Koffer abgeben

einen Gepäckträger rufen
Briefe einwerfen, Briefmarken kaufen
ein Auto mieten
Bus fahren
Fahrkarten kaufen

nicht rauchen
rauchen
ein Taxi nehmen
das Gepäck verzollen
den Platz freimachen (für Kranke)

die Heizung warm / kalt machen
den Ventilator einschalten / ausschalten
die Hände waschen
das Wasser nicht trinken
Flaschen hinauswerfen

etwas essen
Wasser anmachen
zum Speisewagen gehen
mich rasieren
den Lautsprecher laut / leise machen

die Tür nicht öffnen
Licht anmachen
telefonieren / anrufen
Papier wegwerfen
Flaschen / Dosen wegwerfen

Ü3

○ Ich will nach Köln.
● Wann wollen Sie fahren?
○ Morgen nachmittag.
● Sie können den Zug um 14.30 Uhr nehmen. Dann sind Sie um 15.36 Uhr in Köln.
○ Vielen Dank!

DB **Reiseverbindun**
Connections
Horaires des re

Reisetag / Wochentag date / day date / jours ►		
Station ▼		Uhr time heure
Essen	ab dep	14.30
Köln	an arr	15.36
	ab dep	

Ü4

○ Ich will nach München.
● Wann wollen Sie fahren?
○ Morgen vormittag.
● Da können Sie um 8.30 Uhr fahren.
○ Muß ich umsteigen?
● Ja, in Karlsruhe. Sie sind um 9.10 Uhr in Karlsruhe. Sie fahren um 9.18 Uhr weiter und sind dann um 13.35 Uhr in München.

Horaires des rela

Reisetag / Wochentag date / day date / jours ►		
Station ▼		Uhr time heure
Baden-Baden	ab dep	8.30
Karlsruhe	an arr	9.10
"	ab dep	9.18
München	an arr	13.35
–	ab dep	

Stuttgart	ab: 12.05		Bonn	ab: 13.35	
Aalen	an: 13.10		Köln	an: 15.10	
Reutlingen	ab: 14.15		Münster	ab: 15.05	
Stuttgart	an: 15.46		Bremen	an: 19.10	
Frankfurt:	ab: 12.50		Trier	ab: 16.20	
München	an: 18.44		Koblenz	an: 18.26	

Bonn	ab: 8.25	Baden-B.	ab: 8.30
Dortmund	an: 10.04	Karlsruhe	an: 9.10
Dortmund	ab: 10.15	Karlsruhe	ab: 9.25
Kassel	ab: 12.44	München	an: 13.55
Köln	ab: 9.11	Stuttgart	ab: 10.05
Dortmund	an: 10.05	Heidelberg	an: 12.08
Dortmund	ab: 10.38	Heidelberg	ab: 12.26
Hannover	an: 14.22	Mainz	an: 15.04
Hamburg	ab: 8.44	München	ab: 9.36
Hannover	an: 10.15	Stuttgart	an: 11.05
Hannover	ab: 10.24	Stuttgart	ab: 11.32
Göttingen	an: 12.55	Heilbronn	an: 13.04

Ü5

○ Ich muß morgen früh nach .....
Wann kann ich fahren?
● Um ..... Sie sind dann um ..... in .....

Ü6

○ Herr Bauer muß um ..... in ..... sein.
Wann kann er fahren?
● Um ..... oder ..... um .....

Ü7

○ Wann wollt ihr nach ..... fahren?
● Morgen .....
○ Da könnt ihr den Zug um ..... nehmen.
Der ist um ..... in .....

Ü8

○ Herr und Frau Hausmann sind in ..... Sie wollen nach ..... Welchen Zug können sie nehmen?
● Den um .....

Ü9

○ Wir müssen um ..... in ..... sein. Und ihr?
● Wir haben noch etwas Zeit.
Wir können auch den Zug um ..... nehmen.

Abfahrt **8⁰⁰** **München Hbf**

Zeit	Zug-Nr.	in Richtung	T=Tunnelbahnhof Gl.
✕ 8.03	Ⓢ 8819	Baierbrunn 8.35	6
8.06	D 291	„AKROPOLIS" platzkartenpflichtig und nur für Reisende nach Jugoslawien und Griechenland zugelassen **Belgrad 22.46 – Skopje 7.25 – Thessaloniki 13.42 – Athen 22.12**	12
8.12	D 1281	**Rosenheim 8.52 – Kufstein 9.16 – Innsbruck 10.24 – Brenner – Bozen 13.55 (– Meran)** – 28. VI. bis 7. IX. – **Verona** (28. VI. bis 7. IX. – **Venedig)**	18
8.13 Sa,†	E 3531	**Holzkirchen 8.42 – Schliersee 9.07 – Bayrischzell 9.40**	3
8.14 Sa,†	6669	Pasing ab 8.22 – Tutzing 8.46 – Kochel 9.28	30
8.19	IC 182	„HERMES" **Augsburg 8.49 – Nürnberg 9.59 – Würzburg 11.01 – Bebra – Hannover (– Hamburg) – Bremen 15.51**	16
8.20	D 1481	**Rosenheim 9.00 – Kufstein 9.24 – Wörgl – Innsbruck 10.35 – Brenner – Bozen 14.32 – Verona – Rimini 20.02 (– Cervia 21.10) – Riccione 20.18 – Cattolica 20.26 – Senegallia 21.08 – Ancona 21.33**	11
8.26	Ⓢ 4	Geltendorf 9.08 (–Buchloe 9.47 – Füssen 11.14)	T
8.27	D 626	**Ingolstadt 9.14 – Nürnberg 10.32 – Würzburg 11.46 – Frankfurt – Wiesbaden – Bonn – Köln – Düsseldorf – Essen – Gelsenkirchen – Dortmund 18.16**	23
8.32	D 296	„MOSTAR-EXPRESS" **Augsburg 9.10 – Ulm 10.08 – Stuttgart 11.14**	15
8.32	Ⓢ 6	Tutzing 9.17 (– Kochel 9.57)	T
8.33	Ⓢ 8821	Wolfratshausen 9.26	6
8.38	Ⓢ 8619	Holzkirchen 9.16	5
8.41	IC 122	„NYMPHENBURG" **Würzburg 11.04 – Frankfurt – Wiesbaden – Koblenz – Bonn – Köln – Wuppertal – Dortmund Hannover 17.53**	25

Zeit	Zug-Nr.
9.00	E 3403
9.03	D 5
9.04	Ⓢ
9.06	D
9.08	D
9.12	E 3
9.12 Sa,†	
9.17	Ⓢ
9.22	D
9.26	D
9.29	D
9.30	E 35
9.33	Ⓢ 8
9.35	D

Ü10

Was sagen die Leute?

Camping verboten!

PRIVAT

Ich brauche Ruhe!
Das verstehe ich nicht.
Oh, entschuldigen Sie!
Hier darf man nicht rauchen!
Soll ich den nehmen?
Was kostet das?
Aber ich brauche das Auto!
Können Sie nicht lesen?
Das kann ich nicht!
Hier . . . . .
Wer ist das da?
Danke, mein Kind.
Hier dürfen Sie nicht campen!
Da ist doch das Schild!
Das ist ein Privattelefon!
Ich fahre sofort weg.
Das will ich nicht!
Warum sind Sie so unhöflich?
Das habe ich nicht gesehen.
Das ist zuviel!
Was fehlt Ihnen denn?
Hier können Sie nicht telefonieren.
Danke, nicht nötig!
Hier müssen Sie ruhig sein!
Tut mir leid.
Komm, steig ein!
Wie bitte?

BITTE RUHE

RAUCHEN VERBOTEN!

Ü 11 **Was war hier früher?** **Was ist da heute?**

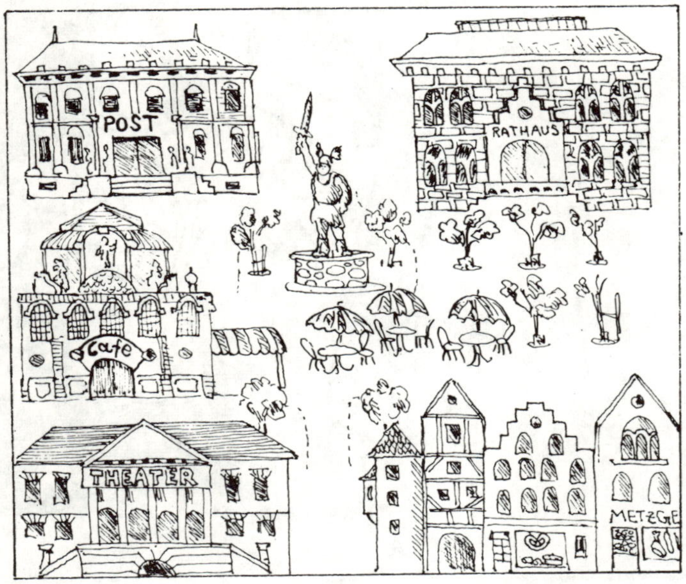
POST
RATHAUS
Café
THEATER

POST
HOTEL
Roxy
BANK
P

Ü 12

Früher ▶

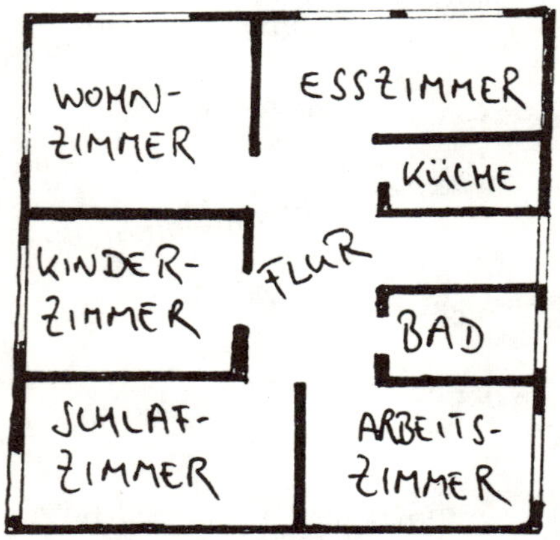
WOHN-ZIMMER
ESSZIMMER
KÜCHE
KINDER-ZIMMER
FLUR
BAD
SCHLAF-ZIMMER
ARBEITS-ZIMMER

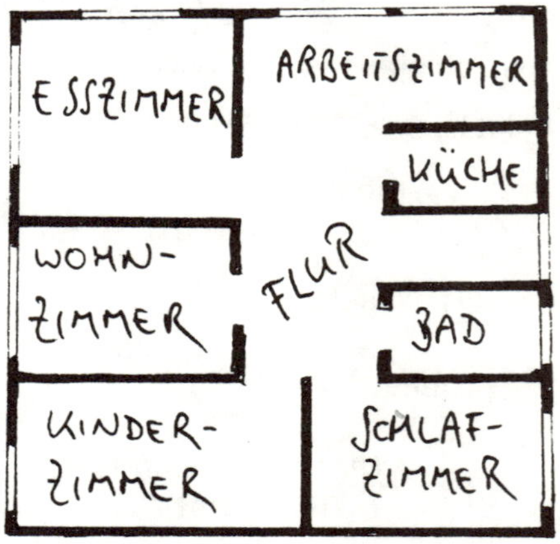
ESSZIMMER
ARBEITSZIMMER
KÜCHE
WOHN-ZIMMER
FLUR
BAD
KINDER-ZIMMER
SCHLAF-ZIMMER

◀ **Jetzt**

Meine Wohnung, ganz neu! Da ist jetzt das Wohnzimmer. Da war früher das Kinderzimmer.
Toll!

Ü 13 **Ausspracheübung**

[rlsr] Karlsruhe, [rtsl] herzlich, [rtst] Geburtstag, [rkpl] Parkplatz, [lfl] Hammelfleisch, [lsʃm] Halsschmerzen, [lksh] Volkshochschule, [mʃt] umsteigen, [ntv] antworten, [ntts] Entzündung, [nstʃt] Dienststelle, [ŋkr] Frankreich, [ptv] Hauptwort, [ptʃtr] Hauptstraße, [fʃn] aufschneiden, [fts] Schlafzimmer, [tsts] Arbeitszimmer, [tʃpr] Lautsprecher, [sts] Eßzimmer, [sʃt] Stoßstange, [ktr] Gepäckträger, [çtpr] Tageslichtprojektor, [çʃt] Sprechstunde

1

EINLADUNG

10 JAHRE

Initiativgruppe – Betreuung von ausländischen Kindern e.V.

11. JULI

Beginn: 16.00 Uhr
im Großen Saal des Augustinerkellers
Arnulfstraße 52

Wir wollen zusammen

- feiern
- reden
- spielen
- tanzen
- lachen
- singen
- essen
- trinken
- lustig sein.

Es kommen:

Erich Schleyer
(aus Clown & Co und *Feuerrotem Spielmobil)*

Povodini *(Zauberer)*

Michi *(Pantomime)*

Türkische Kindertanzgruppe von MIDER

Italienischer Kinderchor *(Sardische Lieder)*

Munih Türkiyeliy Gencler Birligi
(Türkische Volkstänze)

Griechische Jugendtanzgruppe des Griechischen Hauses, *Westend*

Sünmez *(Türkische Musikgruppe)*

Maria-Christina Galvez/Rodrigo Cardosa
(Spanische und lateinamerikanische Lieder)

(1a)

München, 1. Juli

Liebe Mirjana,

am 11. Juli ist das Jubiläumsfest der Initiativgruppe (die Einladung liegt bei).
Wir wollen alle hingehen. Kannst Du auch kommen?
Du kannst bei uns übernachten; dann können wir Samstag abend länger zusammen feiern.
Schreib uns, wann Du ankommst. Wir holen Dich vom Bahnhof ab.

Herzliche Grüße, Deine Anneliese

(1b)

Liebe Josipa, lieber Josip,

am 11. Juli ist das große Fest der Initiativgruppe. Wir wollen alle hingehen. Könnt Ihr auch kommen? Mirjana kommt auch, hoffe ich.

Ihr könnt bei uns übernachten; dann müßt Ihr nicht so früh zurück, und wir können länger zusammen feiern.

Schreibt bitte, wann Ihr ankommt. Wir holen Euch vom Bahnhof ab.

Herzliche Grüße von Eurer Anneliese

(2a)

Nürnberg, 6.7.

Liebe Anneliese,
vielen Dank für Deine Einladung! Ich möchte gerne kommen, aber ich kann nicht, leider!
Ich muß zu meinem Bruder nach Stuttgart fahren. Seine Frau muß ins Krankenhaus und ich muß 2 Wochen lang seine Kinder versorgen.
Grüß bitte alle alten Freunde!
Auf später einmal!
Herzliche Grüße, Deine Mirjana

(2b)

Ulm, 13. Juli

Liebe Anneliese,

vielen Dank für die Einladung! Schade, wir waren nicht hier. Es war sicher ein schönes Fest.
Wir sind erst seit gestern wieder zu Hause. Wir waren 4 Wochen in Split. Es war schön, sehr schön: die Familie und all die alten Freunde! Und das Wetter ist viel schöner bei uns zu Hause, wir hatten fast nur Sonne. – Wir möchten Dir viel erzählen. Wann kannst Du uns mal besuchen? – Viele herzliche Grüße
von Josip und Josipa

2

Der Schlüssel

Herr Veneranda steht vor einer Haustür, sieht die dunklen Fenster ur pfeift.
Im dritten Stock öffnet ein Herr das Fenster und ruft: "Haben Sie keine Schlüssel?"
"Nein, ich habe keinen Schlüssel!" ruft Herr Veneranda zurück.
"Ist die Haustür zu?" ruft der Herr am Fenster wieder.
"Ja, sie ist zu", antwortet Herr Veneranda.
"Dann werfe ich Ihnen einen Schlüssel runter", ruft der Herr am Fenster
"Warum?" ruft Herr Veneranda zurück.
"Dann können Sie die Haustür aufmachen", antwortet der Herr a Fenster.
"Also gut", ruft Herr Veneranda, "Sie wollen, ich soll die Haustür aufm chen; dann werfen Sie mal Ihren Schlüssel runter!"
"Warum will *ich* das?" ruft der Herr am Fenster, "*Sie* wollen doch ir Haus."
"Ich? Nein! Warum denn?" ruft Herr Veneranda zurück.
"Wohnen Sie denn nicht hier?" ruft der Herr am Fenster.
"Ich? Nein! Wer sagt das?" ruft Herr Veneranda zurück.
"Und warum wollen Sie dann den Schlüssel?" schreit der Herr am Fe ster.
"Sie wollen doch, ich soll die Tür aufmachen", schreit Herr Veneranc zurück, "dann brauche ich doch einen Schlüssel!"
"Ich will das doch gar nicht!" schreit der Herr am Fenster.

Da öffnet ein Herr im ersten Stock das Fenster.
"Was soll denn dieses Schreien?" schreit er, "Man kann ja nic schlafen!"
"Wir müssen schreien", schreit Herr Veneranda, "sonst verstehen w uns nicht, ich und der Herr da oben im dritten Stock."
"Aber was will der Herr im dritten Stock denn?" schreit der Herr im erste Stock.
"Das weiß ich auch nicht", schreit Herr Veneranda. "Erst will er mir eine Schlüssel runterwerfen, ich soll die Haustür aufmachen; dann will er, ic soll die Haustür doch nicht aufmachen. Fragen *Sie* ihn doch mal! A Wiedersehen!"

Und Herr Veneranda geht.

1. Modalverben: Präsens, Singular und Plural

Infinitiv:		müssen	können	dürfen	wollen	sollen	-en
Singular							
1. Person	ich	muß	kann	darf	will	soll	–
2. Person	du	muß – t	kann – st	darf – st	will – st	soll – st	-st
	Sie	müss – en	könn – en	dürf – en	woll – en	soll – en	-en
3. Person	er/sie/es	muß	kann	darf	will	soll	–
Plural							
1. Person	wir	müss – en	könn – en	dürf – en	woll – en	soll – en	-en
2. Person	ihr	müß – t	könn – t	dürf – t	woll – t	soll – t	-t
3. Person	sie	müss – en	könn – en	dürf – en	woll – en	soll – en	-en

→ 3D1

2. Modalverben im Satz

a)

Wir	woll en	dich	einladen	.
Ich	muß	nach Stuttgart	fahren	.
Herr Veneranda	soll	die Haustür	aufmachen	.
Du	kann st	bei uns	übernachten	.
Sie	dürf en	hier	parken	.

b)

Ich	will	nach Zagreb	fahren	.
Ich	darf	kein Bier	trinken	.
Wir	müssen	nach Hause	gehen	.
Wir	können	nichts	sehen	.

Willst	du	nach Zagreb	fahren	?
Darfst	du	kein Bier	trinken	?
Müßt	ihr	nach Hause	gehen	?
Könnt	ihr	nichts	sehen	?

Wer	will	nach Zagreb	fahren	?
Wer	darf	kein Bier	trinken	?
Wer	muß	nach Hause	gehen	?
Wer	kann	nichts	sehen	?

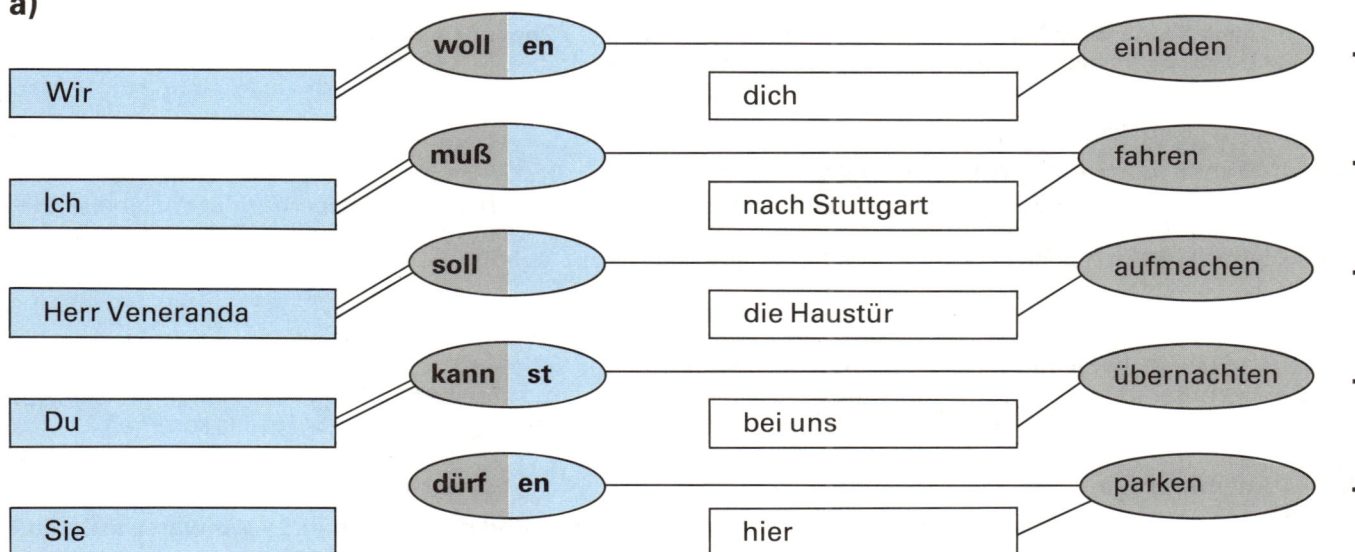

3. Präteritum von "sein" und "haben"

Infinitiv:		sein		haben	-en
Singular:					
1. Person	ich	war	–	hatt – e	-e
2. Person	du	war – st	-st	hatt – est	-est
	Sie	war – en	-en	hatt – en	-en
3. Person	er/sie/es	war	–	hatt – e	-e
Plural:					
1. Person	wir	war – en	-en	hatt – en	-en
2. Person	ihr	war – t	-t	hatt – et	-et
3. Person	sie	war – en	-en	hatt – en	-en

Ü1 **Fragen Sie**

Beispiel: **Darf ich** hier parken? **Dürfen wir** hier parken?
Aufgabe: . . . . . mitfahren? . . . . . dir helfen? . . . . . dich besuchen? . . . . . bei dir übernachten? . . . . . dein Auto nehmen? . . . . . bei euch wohnen? . . . . . euer Telefon benutzen? . . . . . mitspielen?

Ü2 **Fragen Sie**

Beispiel: **Kannst du Auto fahren?** – Natürlich kann ich Auto fahren!
Aufgabe: . . . . . – Natürlich kann ich Auto fahren!
. . . . . – Ja, ich kann zum Fest kommen.
. . . . . – Ja, ich kann gut Deutsch sprechen.
. . . . . – Ja, ich kann um 8 Uhr da sein.
. . . . . – Nein, ich kann nichts sehen.
. . . . . – Nein, ich kann leider nicht mitkommen.
. . . . . – Ja, ich kann bis Sonntag bleiben.
. . . . . – Nein, ich kann kein Englisch.
. . . . . – Nein, ich kann das nicht verstehen.
. . . . . – Ja, ich kann dir helfen.

Ü3 **Fragen Sie**

Beispiel: **Willst du** mitfahren? **Wollt ihr** mitfahren?
Aufgabe: . . . . . hierbleiben? – . . . . . Kaffee trinken? – . . . . . mit uns spazierengehen? – . . . . . zu meinem Geburtstag kommen? – . . . . . Bratwürste und Sauerkraut essen? – . . . . . mit mir ein Glas Bier trinken? – . . . . . mit uns nach Köln fahren? – . . . . . mit uns ins Kino gehen? – . . . . . bei uns übernachten? – . . . . . mit uns einen Deutschkurs besuchen? – . . . . . mit mir zum Zahnarzt gehen? – . . . . . eine Pause machen?

Ü4 **Antworten Sie**

Beispiel: Kommt doch mit! – **Wir können nicht mitkommen.**
Aufgabe: Fahrt doch mit! – Besucht uns doch! – Kommt doch zu uns nach Hamburg! – Übernachtet doch bei uns! – Bleibt doch länger! – Ruft doch mal an! – Helft uns doch! – Leiht mir doch Geld! – Gebt mir doch euer Auto! – Wartet doch noch eine Stunde! – Bleibt doch hier!

Ü5 **Bilden Sie Sätze**

Beispiel: Ich **fahre** nach Berlin. / Ich **will** nach Berlin **fahren.**
Aufgabe: nach Berlin fahren; Pommes Frites essen; Bier trinken; ihm schreiben; mitkommen; einen großen Hut kaufen; euch helfen; unseren Lehrer fragen; hier parken; ins Kino gehen; in einer Stunde kommen.

Ü6 **Antworten Sie**

Beispiel: Wo warst du? – **Ich war in Berlin.** / Wo waren Sie? – **Ich war in Berlin.** / Wo wart ihr? – **Wir waren in Berlin.**
Aufgabe: Wo wart ihr? (in München). – Wo warst du? (in Madrid). – Wo waren Sie? (zu Hause). – Wo warst du? (in Jugoslawien). – Wo waren Sie? (in Portugal). – Wo wart ihr? (hier). – Wo warst du? (beim Arzt) – . . . . .

Ü7 **Bitte sprechen Sie**

○ Bitte zahlen!
● Was hatten Sie?
○ Ich hatte eine Suppe und ein Bier.
● Das macht . . . . .

Gehen Sie bei Rot über die Straße? 1

JDIOT!

56% gehen →
34% warten →
10%? →
Frauen – Männer →
Junge Leute →

Jeder zweite Fußgänger geht auch bei Rot über die Straße.

ALLENSBACH, 16. März (dpa).
Was tun Sie, wenn Sie nachts eine leere Straße überqueren wollen, aber die Ampel zeigt Rot? Das Institut für Demoskopie Allensbach berichtet: 56% der Fußgänger (über 16 Jahre) gehen in einer solchen Situation auch bei Rot über die Straße. 34 Prozent sagen, daß sie auch nachts an einer leeren Straße die rote Ampel beachten und warten. 10 Prozent antworten nicht eindeutig. Frauen beachten eine rote Ampel stärker als Männer. Am wenigsten achten Fußgänger unter 30 Jahren auf das Rotlicht. Drei von vier der befragten jungen Leute sagen, daß sie auch bei Rot über die Straße gehen.

Was die Deutschen nicht verstehen: Leben auf der Straße 2

ERFRISCHUNGEN
Lufthansa-Agentur
AVIS
FAHRKARTEN BILLETTS
DEUTSCHE REISEBÜRO
DB
EINGANG
Langnese
Binding Bier
WIK
4711 ECHT
Agfacolor Der Film mit den natürlichen Farben!

"Wir leben gerne auf der Straße. Wo sind die Deutschen? Immer zu Hause?"

(Zeichnung: Dragutin Trumbetaš)

3

Der Pullover hat einen Fehler.
Warum haben Sie nicht aufgepaßt?
Geben Sie mir mein Geld zurück!
Nein, das geht nicht!
Sie müssen den Pullover zurücknehmen!
Das kann ich nicht machen, Sie haben den Pullover gekauft!
Chef

Recht im Alltag

1. Der Verkäufer (das Geschäft) muß eine neue Ware zurücknehmen und das Geld bar zurückgeben, wenn die Ware einen Fehler hat.

ODER

2. Der Verkäufer muß dem Kunden (Käufer) einen Preisnachlaß (Rabatt) geben, wenn der Kunde die fehlerhafte Ware behalten will.

ODER

3. Der Verkäufer muß dem Kunden eine neue Ware geben, wenn die zuerst gekaufte neue Ware einen Fehler hat. Der Kunde muß dann die erste Ware zurückgeben.

ODER

4. Das Geschäft muß die neue Ware kostenlos reparieren, wenn der Kunde damit einverstanden ist.

Die Garantiezeit für eine Ware beträgt mit oder ohne Garantieschein immer 6 Monate.

LESEN SIE BITTE UND SPIELEN SIE DIE SZENE!

Für wen ist dieser Brief?

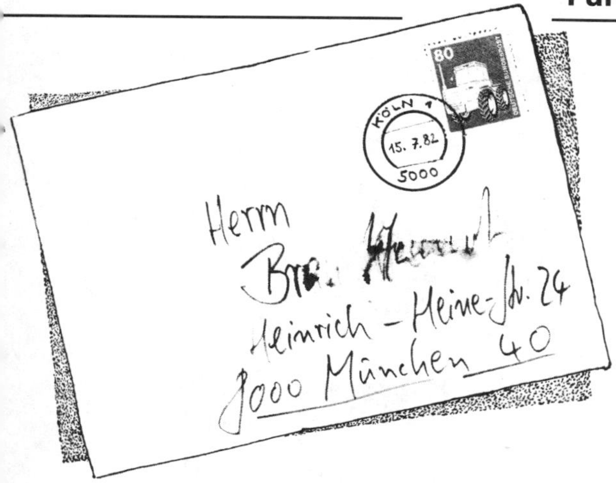
80
KÖLN 1
15.7.82
5000
Herrn
Heinrich-Heine-Str. 24
München 40

1

(1) ○ Können Sie mir helfen?
Für wen ist dieser Brief?

● Darf ich mal sehen?
Bram Kem?? Das kann man ja nicht lesen!
Heinrich-Heine-Str. 24, ja, das ist hier.

○ Aber der Name? Braun? Brank?

● Vielleicht Henschel oder Harre,
die wohnen hier.

○ Aber der Vorname, Bran . . . . .?
Ich glaube, der ist nicht deutsch.

● Ah, vielleicht Petrovich!?
Die wohnen hier unten. Hier durch diese Tür.
Ich glaube, er heißt Branco, Branco Petrovich.

(2) ○ Verzeihung, ist dieser Brief für Sie?
Man kann die Adresse nicht lesen.

●● Von wem ist er denn?

○ Hm – ohne Absender. Aus Köln kommt er.

●● Der ist nicht für mich!

● Dann ist er vielleicht doch für Henschel oder Harre.

○ Henschel wohnt oben? Im dritten Stock?

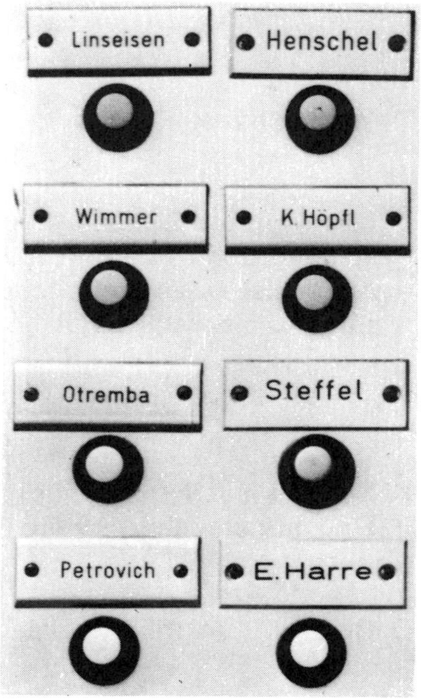
Linseisen
Henschel
Wimmer
K. Höpfl
Otremba
Steffel
Petrovich
E. Harre

(3) ● Ja, hier den Gang entlang, und da rechts
um die Ecke, da ist die Treppe.
– Aber Moment! Der Brief ist doch für einen Herrn!
Frau Henschel wohnt hier allein, ohne Mann.

○ Was mach' ich bloß mit dem Brief!?
Ohne Adresse, ohne Absender.

● Geben Sie ihn mir!
Ich frage alle hier im Haus.

○ Das ist wirklich nett von Ihnen!
Ich komme morgen und frage . . . . .

2 Familie Petrovich wohnt in einer kleinen Wohnung mit 36 Quadratmetern.
Bis vor 8 Monaten haben Herr und Frau Petrovich allein hier gewohnt. Ihre Tochter (12) hat bei der Großmutter in Zagreb gelebt. Dann haben sie ein Baby bekommen.
Seit der Zeit arbeitet Frau Petrovich nicht mehr in der Fabrik. Sie ist zu Hause beim Baby.
Vor einem Monat haben sie auch ihre Tochter aus Jugoslawien nach Deutschland geholt.
Jetzt sind sie eine richtige Familie.

Aber .....

Petrovich

○ Vier Personen auf 36 Quadratmetern! Das ist verboten! Sie brauchen pro Person 12 Quadratmeter und für das Baby 8 Quadratmeter.

● Das weiß ich, aber was sollen wir machen? Das Baby wegschicken?

○ Warum haben Sie Ihre Tochter hierher geholt?

● Wir sind eine Familie. Wir gehören zusammen.

○ Dann müssen Sie eine andere Wohnung suchen! Gehen Sie zum Wohnungsamt! Annoncieren Sie in der Zeitung! Gehen Sie zum Sozialberater, zur Arbeiterwohlfahrt!

● Das haben wir alles versucht! Wir finden keine andere Wohnung. Und diese Wohnung ist groß genug für uns! In Jugoslawien –

○ Sie sind hier in der Bundesrepublik! Und hier brauchen Sie pro Person –

● Ja, ja, ich weiß .....

○ Bis Ende Juni müssen Sie –

● Und wie .....?

Ü1 **Für wen? Von wem? Woher?**

HERRN
MUSTAFA KÖK
PILOTYSTR. 8
5000 KÖLN 2
Frau
Paula Marquez
Goetheplatz 1
354 KORBACH
Ünal Akdik
Bahariye-Kadiköy
ISTANBUL
FRAU
M.T. de Lopez
JOSÉ DE LA VEGA 5
Bojo C
CORDOBA
Jannario Quintino
Chemnitzerweg 1
85 Nürnberg
HERRN
SPYRIDON
PAPPAS
PALMENRING 95
56 WUPPERTAL
Familie
Zeki Aydin
3420 Sok N°12
Zeytinlik / Bursa
Georg Reubel
Ebertstr. 1
7410 Reutlingen

Ü2 **Er/Sie geht/läuft/fährt . . . . .**

1
2
ZIEL
3
4
5
KÖLN
6
7
8
9
Dr. med.
10

Ü3 **Wo ist . . . . .?**

Gehen Sie ...
Post
RATHAUS
AUSLÄNDER AMT

Ü4 **Montag, 17. April: Was macht Maria?**

6.15	schlafen	**(bis)**
6.45	frühstücken	**(um)**
7.00	Mann ⟶ Arbeit	**(zu)**
7.30	Kinder ⟶ Schule	**(zu)**
8.00	saubermachen	
9.00	+ Freundin ⟶ Stadt	**(mit/in)**
	Bus ⟶ Kaufhaus	**(mit/zu)**
	: Helena	**(für)**
	: Jim	**(für)**

10.30	⟶ Markt	**(zu)**
	Tomaten, Salat: Mittagessen	**(für)**
11.15	⟶ Haus	**(nach)**
11.45	Haus; kochen ⟶ Kinder	**(zu/für)**
12.45	Kinder (Schule)	**(aus)**
13.00	Mittagessen	**(um)**
14.00	+ Kinder Hausaufgaben	**(mit)**
16.35	+ Kinder fernsehen	**(mit)**
17.00	Mann (Arbeit)	**(von)**
18.00	Abendessen + Mann + Kinder	**(mit)**
20.00	+ Mann ⟶ Kino	**(mit/in)**

Ü5 Was machen die Leute und die Hunde?

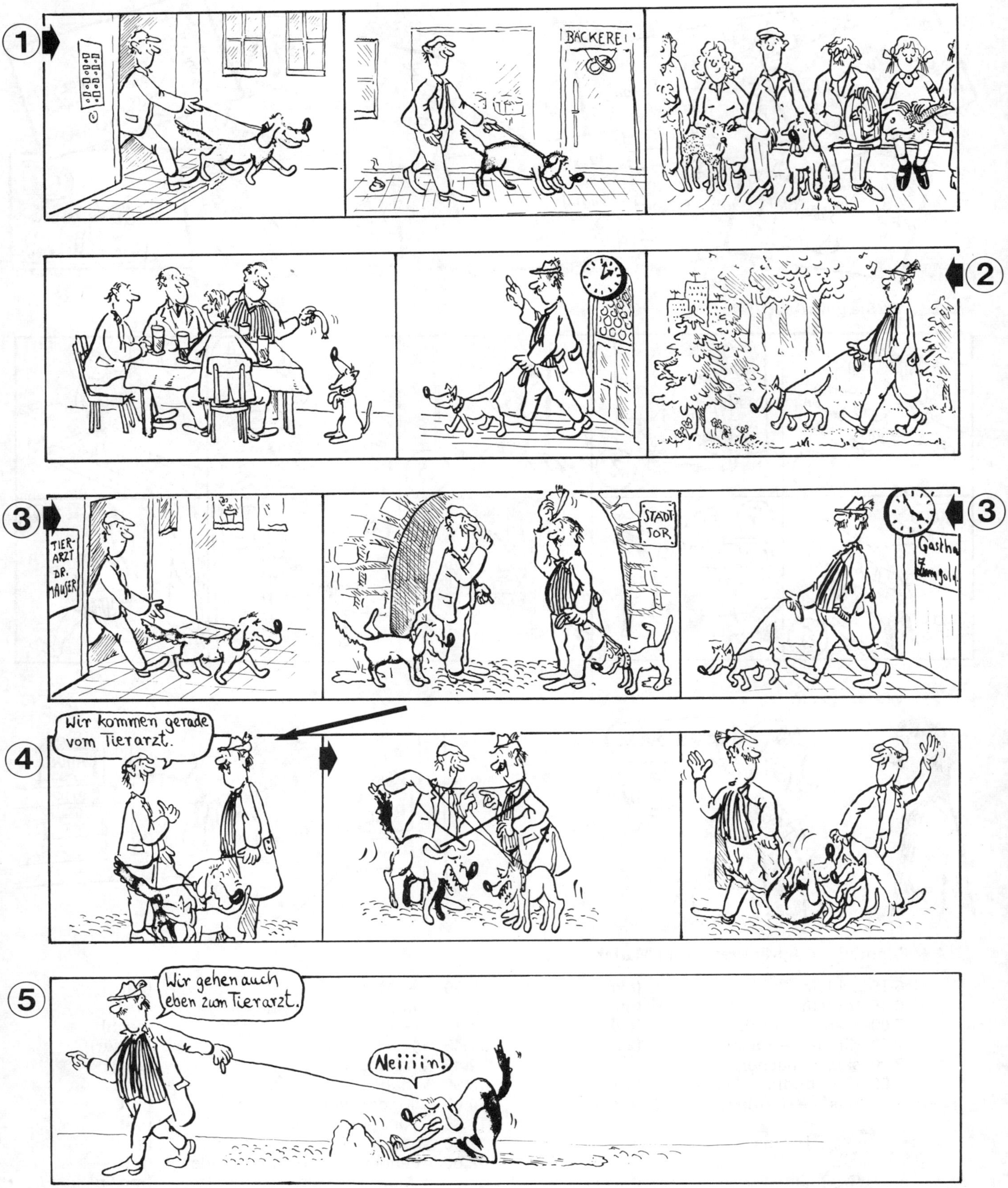
1
BÄCKERE
2
3
TIER-
ARZT
DR.
MAUSER
STADT-
TOR
3
Wir kommen gerade vom Tierarzt.
4
5
Wir gehen auch eben zum Tierarzt.
Neiiiin!

1

Ali

Anforderungen an die Wohnung

Unverzichtbare Voraussetzung für den Familiennachzug ist eine Wohnung, die den durchschnittlichen Anforderungen vergleichbarer deutscher Arbeitnehmer an eine angemessene Wohnung entspricht. (. . . . .)
Die Wohnfläche muß bei Wohnungen für jeden über 6 Jahre alten Bewohner mindestens 12 qm und für jeden noch nicht 6 Jahre alten Bewohner mindestens 8 qm betragen.

Wohnfläche

Bewohner über 6 Jahre	Bewohner unter 6 Jahre
12 qm	8 qm

2

"Bei uns wohnen viele Menschen in kleinen Wohnungen und Häusern. Unsere Familien sind groß. Wir leben eng zusammen, und das ist kein großes Problem für uns.
Hier in Deutschland müssen wir größere Wohnungen haben – 12 Quadratmeter für jede Person. Das ist eine Vorschrift gegen den Familiennachzug! Größere Wohnungen sind zu teuer, wir können sie nicht bezahlen. Und ausländische Arbeiter finden nur schwer eine neue Wohnung. Viele Deutsche vermieten nicht an Ausländer. Viele ausländische Familien müssen ohne ihre Kinder hier leben."

Präpositionen mit Akkusativ: für, entlang, durch, um, gegen, ohne, bis

Herrn
Jng. Paul Weber
Adenauerstr. 12
53 BONN 1

Der Brief ist	**für**	**den**	Ingenieur.	
	für	Herr**n**	Weber.	
	für	**ihn.**		

Er geht		**den**	Gang	**entlang.**
Gehen Sie		**diese**	Straße	**entlang!**

ZIMMER
15.

Er geht	**durch**	**die**	Tür.	
Sie gehen	**durch**	**die**	Stadt.	
	durch	**den**	Park.	
	durch	**das**	Lokal.	

Sie kommt	**um**	**die**	Ecke.	
Gehen Sie	**um**	**die**	Ecke da!	

Fahren Sie nicht	**gegen**	**den**	Baum!	
Die Vorschrift ist	**gegen**	**den**	Familiennachzug.	

Er geht	**ohne**		Hose spazieren.	
	ohne	**seinen**	Hund spazieren.	
Der Brief ist	**ohne**		Absender.	

Der Unterricht dauert	**bis**		18 Uhr.	

Ü1 Machen Sie Sätze

Das Eis ist
Die Tabletten sind
Für wen ist
Gehen Sie hier
Die Blumen sind
Ist das Paket
Fahren Sie nicht
Er geht

dieser Brief?
für Maria.
für das Kind.
für mich?
gegen die Garage!
gegen Kopfschmerzen.
ohne seinen Hund spazieren.
den Gang entlang!

Ü2 Machen Sie Sätze

Er/Sie ▶

arbeitet
verdient Geld
braucht Geld
hat kein Geld
spart Geld

▶ **für** ▶

ihre/seine Familie.
ein Haus.
seinen/ihren Sohn.
den Urlaub.
ein neues Auto.
Bücher.
die Miete.
die Kinder.
Lebensmittel.
sein/ihr Hobby.
die Wohnung.
einen Deutschkurs.
.....

Ü3 Ergänzen Sie

Karl fährt ..... d..... Auto in die Stadt. Er fährt d..... Hauptstraße ..... bis ..... Post. Er geht ..... d..... Tür ..... Schalter 3 und kauft Briefmarken. Dann geht er ..... Supermarkt. Der Supermarkt ist ..... d..... Post. Er geht d..... Regale ..... und sucht Brot, Milch, Käse und Eier. ..... 11.00 Uhr hat er einen Termin ..... Arzt. Er geht ..... Arzt. ..... Arzt muß er eine Stunde warten. ..... 12.15 Uhr kommt er ..... Arzt. Er geht ..... Auto und fährt ..... Hause. ..... Hause warten seine Kinder. Er kocht Essen ..... sie. ..... 14.00 Uhr muß er ..... Arbeit.

Ü4 Ergänzen Sie

"Haben Sie Post ..... mich?" – "Nein, ich habe leider nichts ..... Sie. – Aber können Sie mir helfen? ..... wen ist dieser Brief? Ich kann die Adresse nicht lesen." – "..... wem ist der Brief denn?" – "Er kommt ..... Köln. Aber ich weiß nicht, ... wem er ist. Er ist ..... Absender." – "Vielleicht ist er ..... Petrovich. Gehen Sie mal ..... Petrovich! Die wohnen hier unten. Gehen Sie hier ..... d..... Tür und dann d..... Gang ..... Und hinten rechts ..... d..... Ecke!"

Ü5 Fragen und antworten Sie

Sind Sie ▶

schon mal
noch nie

▶

ohne Fahrkarte
mit einem Motorrad
gegen einen Baum
diese Straße entlang
nach Marokko
durch die Sahara
ohne Führerschein Auto
zum Mond
.....

gefahren?

8E

1

Arbeiter Arif Koc (Türkei)
2. Frau Hatun
Sohn Aslan
Sohn Erdal

GANZ DRINGEND EINE GRÖSSERE WOHNUNG *sucht die Familie Koc irgendwo im Landkreis Fürstenfeldbruck. Nach dem Gesetz des Ausländerrechts muß sonst der älteste Sohn, Meitin, in die Türkei zurückgeschickt werden.* bvm/Photo: Scheider

Türkische Familie will zusammenbleiben

Ein Gesetz wird zum Bumerang

Weil die Wohnung zu klein ist, soll ein Bub abgeschoben werden

FÜRSTENFELDBRUCK – Vor 16 Jahren kam der türkische Arbeiter Arif Koc nach Deutschland. Seine erste Frau blieb in der Heimat, sein Sohn wurde von seiner Schwester aufgezogen. Vor drei Jahren heiratete er ein zweites Mal. Die damals fünfzehnjährige Hatun zog zu ihm nach Fürstenfeldbruck. Heute leben die beiden mit den zwei kleinen Söhnen Erdal und Aslan in einer Stadtwohnung auf 36 Quadratmetern. Im Zuge der Familienzusammenführung hat jeder Ausländer das Recht, seine Kernfamilie nachzuholen. So auch Arif Koc, der seinen jetzt vierzehnjährigen Sohn Meitin, nachdem er die Hauptschule in Istanbul abgeschlossen hat, vor etwa vier Monaten zu sich geholt hat.

Soweit wäre alles gut, wenn nicht das Ausländeramt bestimmte Auflagen zur Mindestwohnraumgröße machen würde. Bis zum 26. September soll die fünfköpfige Familie eine mindestens 52 Quadratmeter große Wohnung finden – sonst muß der älteste Junge wieder zurück in die Türkei.

Wer sich für die Familie Koc einsetzen möchte, wende sich bitte an die Caritas, Fürstenfeldbruck, Bärbel Cramer-Ihlac, Rufnummer 3706. bvm

<u>vor 16 Jahren:</u> Arif Koc ⟶ Deutschland
1. Frau und Sohn Meitin bleiben in der Türkei
<u>vor 3 Jahren:</u> ⚭ 2. Frau Hatun
Hatun ⟶ Deutschland
2 Söhne: 36 m^2 - Wohnung
Familie/n/zusammen/führung

<u>vor 4 Monaten:</u>
Meitin (14) ⟶ Deutschland
Mindest/wohnraum/größe: 52 m^2

Meitin ⟶ Türkei ??
Wer kann helfen?

3706

2

Zeichnung: Yunus Saltuk

3 Wer ist wer?

Heinrich-Heine-Str. 24

Familie Linseisen: Hans Linseisen, 32, ist Taxifahrer; Jutta Linseisen, 25, studiert noch. Sie haben 1 Kind: Sybille, 7.	**Irmgard Henschel:** Sie ist 30, Sekretärin. Sie hat einen Hund, Strolchi.
Ehepaar Wimmer: Hubert Wimmer, 30, ist Lehrer; Ilse Wimmer, 27, arbeitet in einer Bank. Sie haben keine Kinder.	**Klaus Höpfl,** 39: Er ist Fußballtrainer. Er ist nicht verheiratet. Seine Freundin Marianne ist Verkäuferin.
Helga Otremba, 42, Abteilungsleiterin, geschieden. Ihr Sohn Helmut, 16, wohnt bei ihr. Sie hat eine Katze, Muschi.	**Jutta Steffel,** 34, Hausfrau. Herr Steffel ist Automechaniker. Sie haben 2 Kinder, Fritz, 14, und Irene, 11.
Branco Petrovich, 36, aus Jugoslawien, arbeitet bei BMW. Er ist schon lange in Deutschland. Er ist verheiratet und hat zwei Kinder.	**Eva Harre,** 67, Witwe, war Postangestellte, sie ist pensioniert. Ihre Kinder sind verheiratet. Sie wohnt allein. Ihre Freundin ist zu Besuch.

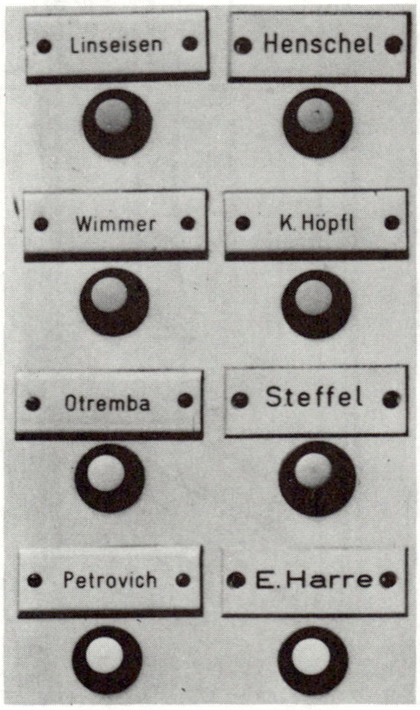
Linseisen
Henschel
Wimmer
K. Höpfl
Otremba
Steffel
Petrovich
E. Harre

Wer ist Taxifahrer?	Wer ist	verheiratet?
Wer arbeitet bei Ford?		ledig?
Wer ist Hausfrau?		geschieden?
Wer hat Kinder?		verwitwet?
Wer hat ein Haustier?	Wie alt ist Herr Petrovich?	

Wohnen im Reihenhaus

Erdgeschoß

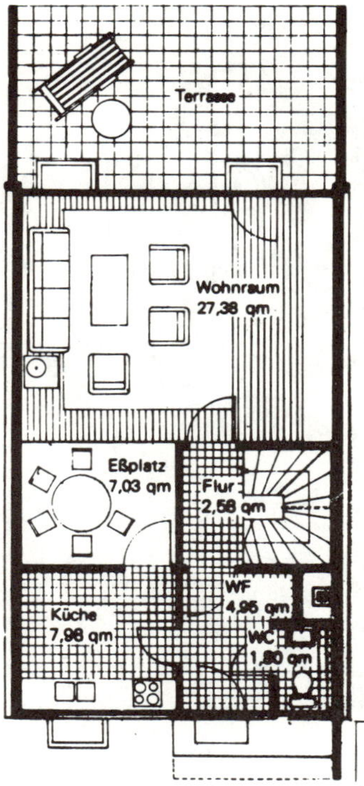
Terrasse
Wohnraum 27,38 qm
Eßplatz 7,03 qm
Flur 2,58 qm
WF 4,95 qm
Küche 7,98 qm
WC 1,80 qm

Obergeschoß

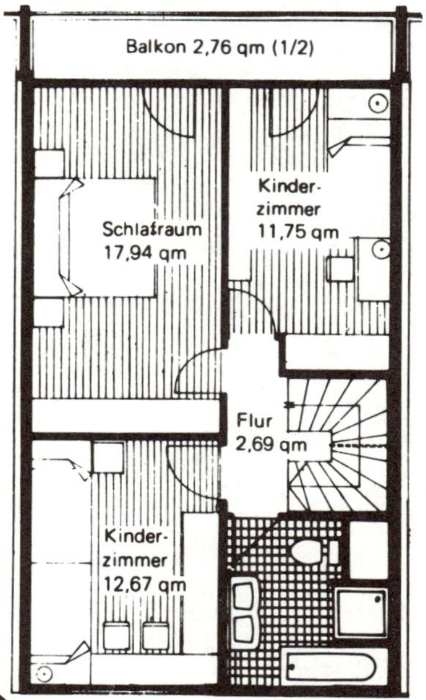
Balkon 2,76 qm (1/2)
Schlafraum 17,94 qm
Kinder-zimmer 11,75 qm
Flur 2,69 qm
Kinder-zimmer 12,67 qm

Viele deutsche Familien wohnen in Reihe/n/häusern.
Die Häuser in einer Reihe sind alle gleich.

- Wie viele Zimmer haben diese Reihe/n/häuser hier?
- Wie groß sind die Zimmer?
- Wie groß ist die ganze Wohn/fläche?
- Wo ist der Haus/eingang?

- Zeichnen Sie bitte Ihr Haus oder Ihre Wohnung in der Türkei, in Italien usw. oder das Haus Ihrer Eltern. – Was ist anders?
- Zeichnen Sie Ihr "Traumhaus"!

Eingabeplan 07506/463
Schau mal, mein Haus!
Toll!

Fahren Sie über die große Kreuzung

1

A
B
C
D
1
2
3
4
TELEFON
TELEFON
RHEIN
Hohenzollernbrücke
Deutzer Brücke
Rat-haus
Neumarkt
Hansaring
Gereonstr.
Christophstr.
Gereonshof
Kaiser-Wilh.-Ring
Hohenzollernring
Friesenplatz
Friesenstraße
Ehrenstraße
Hahnenstraße
Rudolf-pl.
Schaevenstr.
Mauritius-steinweg
Schildergasse
Kroneng.
Cäcilienstraße
Gürzenichstraße
Hohe Str.
Minoritenstr.
Komödienstr.
Zeughausstr.
Burgmauer
Trankgasse
Frankenpl.
Bischofsg.
Am Hof
Heumarkt
Markmannsg.
Sassenhof
Ursulapl.
Ursulastr.
Victoriastr.
Kyotostr.
Eintrachtstr.
Unter Krahnenb.
Machabäer-str.
Dagobert-str.
Thürmchenswall
Konrad-Adenauer-Ufer
Goldgasse
Am Alten
Breslauer Platz
Messeplatz
Kennedy-Ufer
Constantin-str.
Urbanstr.
Deutzer
Auenweg
Rheinparkweg
Mozartstr.
Beethovenstr.
Alexianer-str.
Agrippa-
Großer Griechenmarkt
Blaubach
Rothgerberbach
Alte Mauer am Bach
Perlengraben
Martinsfeld
Georgstr.
Georgspl.
Hist. Archiv
An St. Katharina
Rheinaustr.
Holzgasse
Hafen
Rheinau-
Weyerstr.
Friedrichstr.
Barbarossapl.
Trierer Straße
Luxemburger Str.
Roonstraße
Zülp. Pl.
Jos.-Haubrich-Hof
VHS
Leonh.-Tietz-Str.
Bismarckstr.
Im Klapperhof
Magnusstraße
Breite Straße
Glockengasse
Brüderstr.
Mittelstraße
Apostelnstr.
Marsilstein
Lungengasse
Spinnmühleng.
Sterneng.
Marienpl.
Mühlenbach
Pipin
Filzengr.
Gr. Witschg.
Kl. Witschg.
Löweng.
Landsbergstr.
Mechtildisstr.
Kath.-gr.
Im Dau
Vor den Sieben
Waisenhausgasse
Martinstr.
Obenmarspf.
Brückenstr.
A. d. Dominik.
U. Sachsenhausen
Appellhofpl.
A. d. Rechtschule
Kupferg.
Tunisstr.
Salomonsg.
Thermalbad
Am Leystapel
Frankenwerft

Ja, hier ist die Arbeiterwohlfahrt... ..das ist nicht weit. Fahren Sie über die große Kreuzung, dann kommen Sie in die Christophstraße und dann...

Straßenverzeichnis

G
Gereonstr. (B2)

H
Hansaring (B1)

M
Mauritiussteinweg (A 3–4)

N
Neumarkt (AB 3)

R
Rathaus (C 2–3)

S
Schaevenstr. (A 3)

Suchen Sie:

- Arbeiterwohlfahrt: Gereonstr. 71
- Bürgerberatung: im Rathaus, Spanischer Bau
- Caritas, Sozialdienst für Italiener: Mauritiussteinweg 11
- Erziehungsberatungsstelle: Schaevenstr. 16
- Gesundheitsamt: Neumarkt 15–21
- Griechisches Generalkonsulat: Neumarkt 15–21
- Pro Familia: Hansaring 84

Wo ist das Rathaus?

2

Da oben! Ihr müßt hier die Hauptstraße entlanggehen. Und dann die 2. Straße rechts. Ungefähr 200 Meter, da ist das Rathaus, auf der linken Seite.
BAHNHOF
RATHAUS
GYMNASIUM
KIRCHE
POST
MARKT
Wo ist das Rathaus?

①
- ○ Guten Tag, wo ist bitte das Einwohnermeldeamt?
- ● Geradeaus, ganz hinten, fünfte Tür links, Nummer 7.
- ○ Vielen Dank!

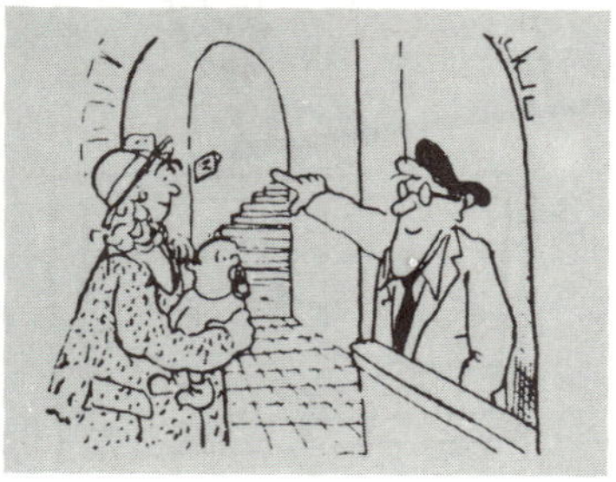

②
- ○ Bitte, wo ist das Ausländeramt?
- ● Eine Treppe höher, im ersten Stock, dritte Tür rechts, Nummer 103.

③
- ○ Ich brauche einen Reisepaß; wo bekomme ich den?
- ● Gleich hier vorne, die zweite Tür.
- ○ Danke schön!

④
- ○ Ich möchte ein Auto anmelden. Wo ist die Zulassungsstelle?
- ● Im zweiten Stock, erste Tür links, Nummer 201.
- ○ O. K., danke!

⑤
- ○ Hallo!
  Was wollt ihr denn hier?
- ○ Das siehst du doch, wir wollen heiraten! Wo ist das Standesamt?
- ● Das Standesamt ist im dritten Stock. Aber . . .
- ○ Danke!

Wo ist (bitte) . . . . . ?	Die Hauptstraße entlang.
	Geradeaus, dann die zweite Straße rechts.
Wo bekomme ich . . . . . ?	Eine Treppe höher, im ersten Stock.
	Die erste Tür links/rechts.
	Im zweiten Stock, Zimmer Nr. 201.
	Da oben. / Gleich hier vorne.

3

Ja, mein Fotoapparat. ...... Ich glaube, er liegt auf dem Sofa! ... ... Oder unter dem Sofa! ....
RUF DOCH MAL AN!

Wo liegt der Fotoapparat?	Auf dem Regal? Hinter dem Blumentopf? Neben dem Sofa? In der Schublade? Zwischen den Büchern? Unter dem Tisch? Vor der Vase?	Nein, da ist er nicht! Ja, da ist er!

4

Würden Sie mir bitte Feuer geben?

Geben Sie dem Chef bitte Feuer!

Feuer für den Chef!!

Gib dem Chef Feuer!
Ich nix versteh'n

Üben Sie bitte:

– einen Stuhl bringen
– die Zeitung geben
– Bier holen
– Herrn X rufen
– . . . . .

bringen holen rufen	bring(e)! hol(e)! ruf(e)!	bringen Sie! holen Sie! rufen Sie!
geben helfen nehmen	gib! hilf! nimm!	geben Sie! helfen Sie! nehmen Sie!

5 **Bitte, machen Sie mit!**
Sie machen eine Figur: zeichnen, bemalen, ausschneiden und zusammenfalten.

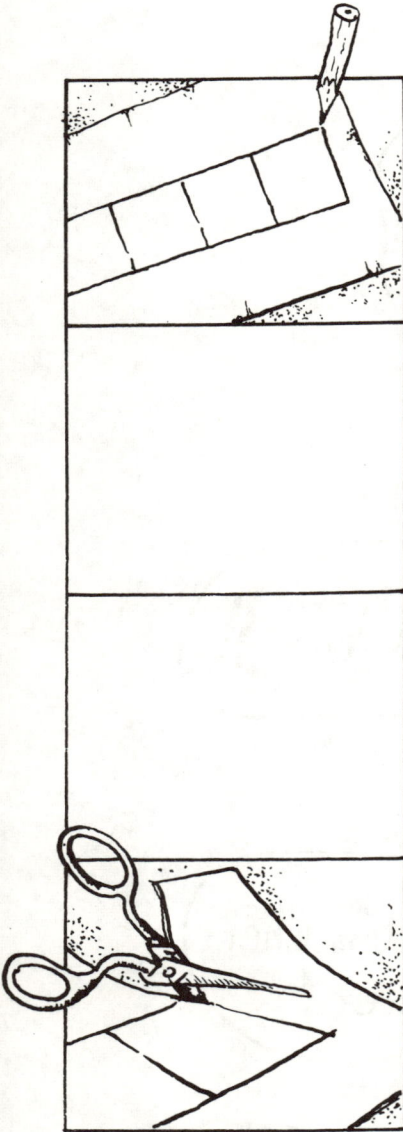

Nehmen Sie bitte ein Stück Pappe:

Zeichnen Sie vier Quadrate (Seitenlänge 3 cm) mitten auf diese Pappe.
Die Quadrate liegen in einer Linie von links nach rechts nebeneinander.

Zeichnen Sie je ein Quadrat über und unter das dritte Quadrat von links.
Malen Sie auf diese beiden Quadrate einen blauen Kreis.

Malen Sie auf das erste und dritte Quadrat von links einen roten Kreis, und auf das zweite und vierte Quadrat einen grünen Kreis.

Jetzt schneiden Sie bitte die ganze Figur aus und machen daraus einen Körper.
Die bunten Kreise zeigen nach außen.

PRIMA!

Wenn die blauen, roten und grünen Kreise auf den gegenüberliegenden Flächen sind, dann haben Sie die Aufgabe richtig gelöst.

Ü1 Ausspracheübung

[b ≠ v] wie bitte?, Bewohner, Waschbecken, Badewanne, Bratwurst, wunderbar;
Bier – wir, bist – wißt, beste – Weste, Becken – wecken, bald – Wald, Bein – Wein

[h ≠ ?] inhalieren, Anhalter, abholen, aufhören, Uhu, unhöflich, er hat Hunger, er holt es her;
hier – ihr, hin – in, her – er, Hals – als, Hund – und, heiß – Eis, Haus – aus, hauchdünn – auch dünn

Ü2 Wo ist bitte das . . . . .amt?

○ Entschuldigung, wo ist bitte die Zulassungsstelle?

● Im zweiten Stock, erste Tür links, Zimmer 201.

○ Danke schön.

. . . . . das Einwohnermeldeamt?

. . . . . das Zollamt?

. . . . . das Ausländeramt?

. . . . . das Paßamt?

. . . . . das Standesamt?

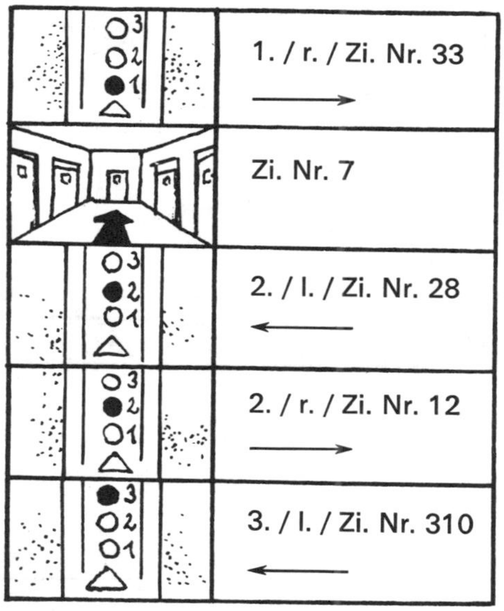
1. / r. / Zi. Nr. 33
Zi. Nr. 7
2. / l. / Zi. Nr. 28
2. / r. / Zi. Nr. 12
3. / l. / Zi. Nr. 310

Ü3 Wo bekomme ich Pullover?

○ Entschuldigung, wo bekomme ich Pullover?

● Pullover? Im dritten Stock links.

INFORMATION

Lampen	5 ▶	Radios	2 ▶
◀ Fotoapparate	4	◀ Platten	2
◀ Pullover	3	Taschen	1 ▶

Ü4 Wo ist was?

○ Wo ist	das Radio? der Fernseher? die Vase?	● Der ..... Die ..... Das	ist	an ..... auf ..... über ..... unter ..... neben ..... in ..... vor ..... hinter ..... zwischen .....

DIAPROJEKTOR
BLUME
HANDKE
GRASS
KOLLE
UHSE
HÖRWEG

Ü5 Wo ist Max?

H

Ü6 Wie kommt man . . .

. . . von Madrid
Rom
Belgrad
Athen
Lissabon
Istanbul

. . . nach Berlin?

Berlin
D
P
Lissabon
Madrid
E
I
Rom
Belgrad
YU
GR
Athen
Istanbul
TR

Ü7 Wie kommt man von Ⓐ nach Ⓑ?

A
B

Ü8 Ergänzen Sie das Rezept:

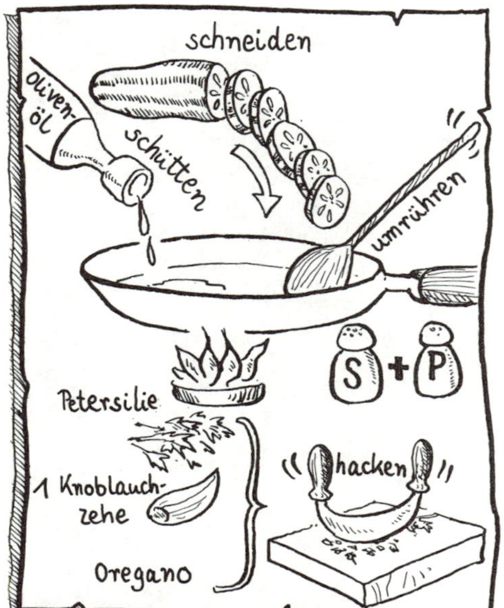

schneiden
Oliven-öl
schütten
umrühren
S + P
Petersilie
1 Knoblauch-zehe
Oregano
hacken

Zucchini alla Genovese

Waschen Sie ½ kg Zucchini und . . . . . sie diese in dünne Scheiben. . . . . . Sie Olivenöl in eine große Pfanne und . . . . . Sie die geschnittenen Zucchini dazu. . . . . . Sie das Gemüse gut um. . . . . . Sie es braten, bis es weich ist. . . . . . Sie Petersilie, 1 Knoblauchzehe und Oregano fein. . . . . . Sie die Gewürze über die Zucchini. . . . . . Sie Salz und Pfeffer dazu. . . . . . Sie das Gemüse noch etwa zwei Minuten kochen.

schneiden
schütten
geben
rühren, lassen
hacken
geben
geben
lassen

1

Nasreddin sucht seinen Ring

Der Hodscha verläßt sein Haus und sucht etwas auf der Straße. Seine Frau sieht das und fragt ihn: "Was suchst du, Hodscha?" Er antwortet: "Mein Ring ist weg. Ich habe meinen Ring verloren, jetzt suche ich ihn."
Sie fragt weiter: "Wo hast du ihn denn verloren?"
Der Hodscha antwortet: "Drinnen im Haus."
"Ja aber, warum suchst du ihn dann draußen auf der Straße?"
"Drinnen im Haus ist es dunkel, und draußen auf der Straße ist es hell."

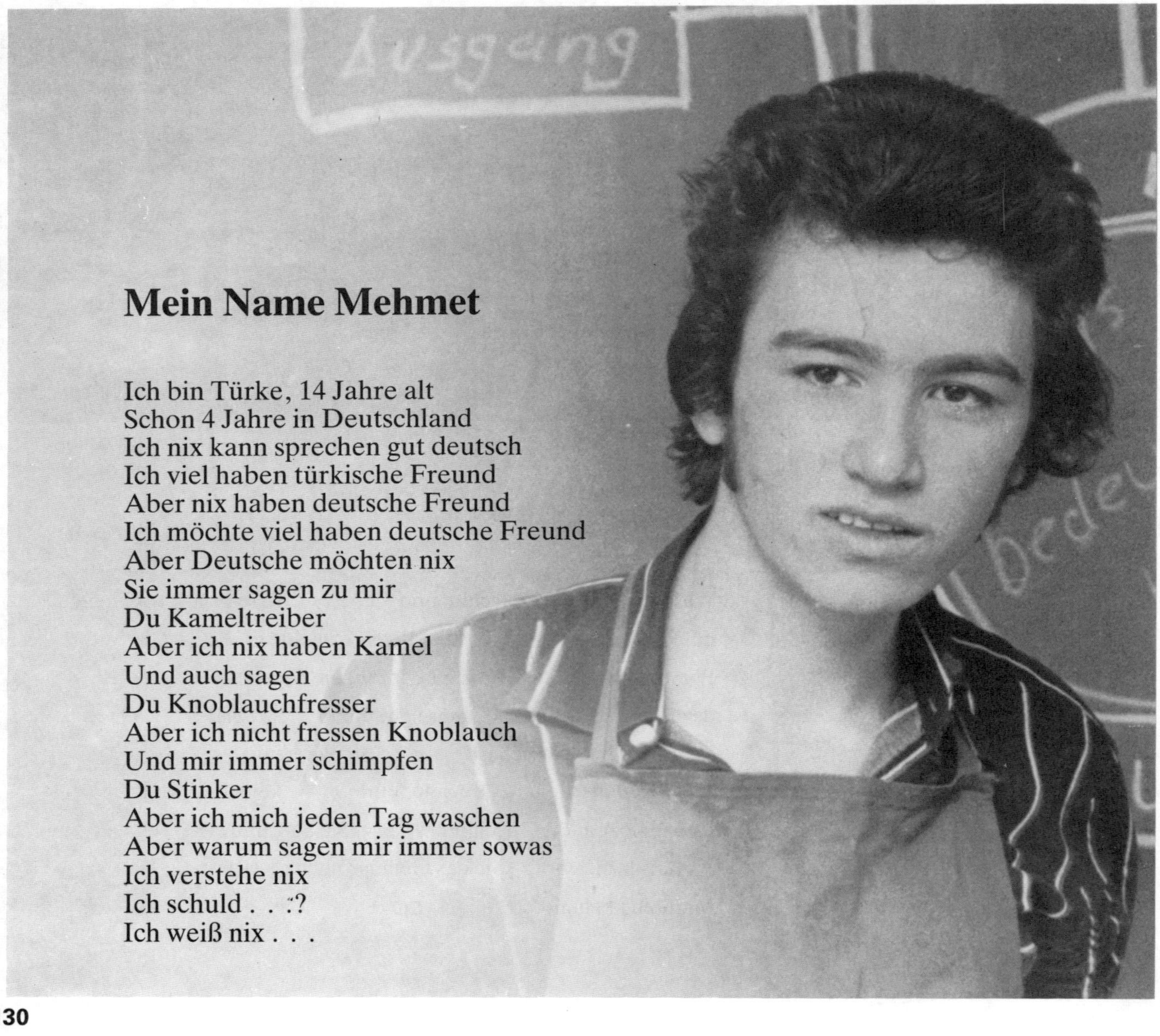
Ausgang

2

Mein Name Mehmet

Ich bin Türke, 14 Jahre alt
Schon 4 Jahre in Deutschland
Ich nix kann sprechen gut deutsch
Ich viel haben türkische Freund
Aber nix haben deutsche Freund
Ich möchte viel haben deutsche Freund
Aber Deutsche möchten nix
Sie immer sagen zu mir
Du Kameltreiber
Aber ich nix haben Kamel
Und auch sagen
Du Knoblauchfresser
Aber ich nicht fressen Knoblauch
Und mir immer schimpfen
Du Stinker
Aber ich mich jeden Tag waschen
Aber warum sagen mir immer sowas
Ich verstehe nix
Ich schuld . . .?
Ich weiß nix . . .

3

13
Quax
GLASER
GLÄSER
SPIEGEL
EINRAHMUNGEN
ZUSCHNITTE
HAFENGASSE
Werkstatt
Zutritt für Unbefugte verboten!
METZGEREI
Langsam!!! Jetzt geradeaus. – Mensch, paß auf!
Ja, ja. Schon gut!

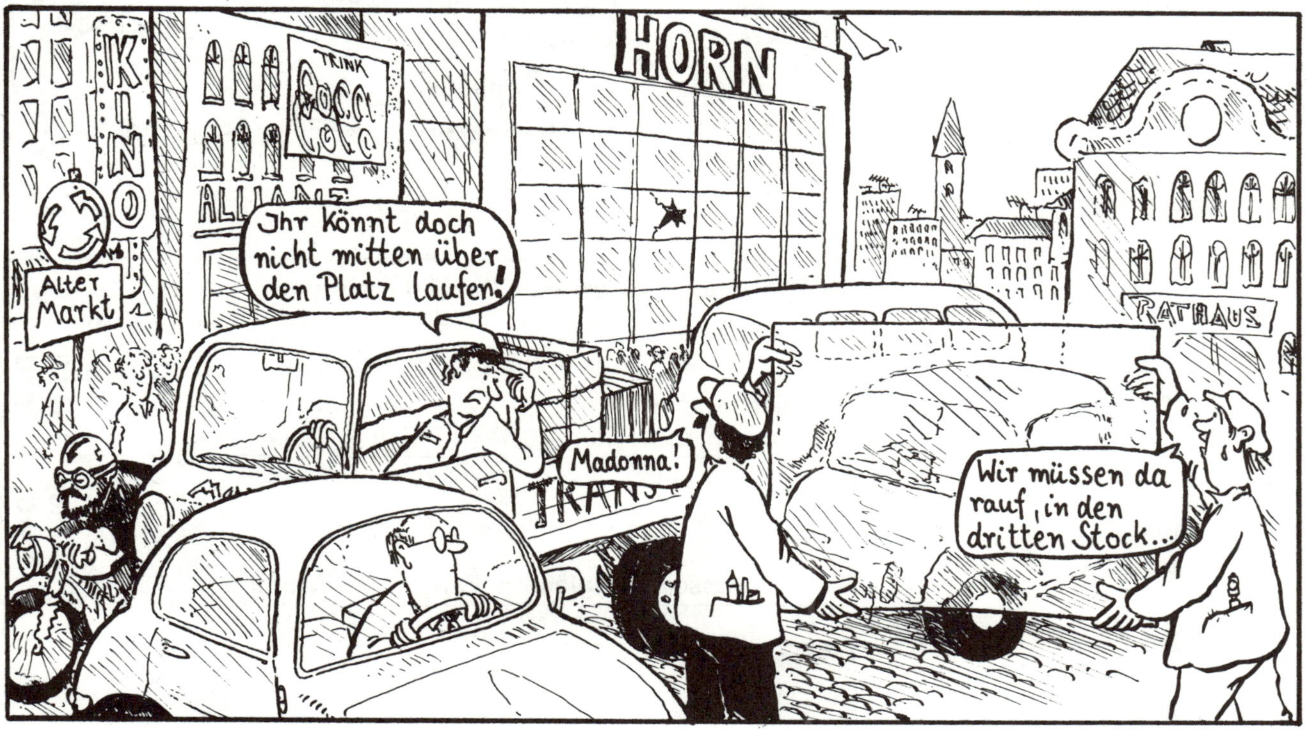
KINO
TRINK
HORN
Alter Markt
RATHAUS
Jhr könnt doch nicht mitten über den Platz laufen!
Madonna!
Wir müssen da rauf, in den dritten Stock...

Im Kaufhaus Horn am alten Markt ist eine Scheibe kaputt. Das vierte Fenster von rechts, im dritten Stock.

Max und Giovanni arbeiten bei Firma Quax in der Hafengasse. Sie tragen die Scheibe vorsichtig aus dem Haus. Giovanni geht rückwärts; er kann den Weg nicht sehen. Max dirigiert ihn:
"Geradeaus, weiter, noch weiter! Jetzt nach links . . . . ."

Tja, das tut uns sehr leid. – Ja, wir sind jetzt am alten Markt.

Präpositionen mit Akkusativ → 10D5

1. Wo ist Nasreddins Ring?

an der Wand
am Haken
auf dem Kissen
unter dem Kissen
unter der Uhr
im Samowar
zwischen den Teegläsern
hinter der Lampe
auf dem Teppich
unter dem Teppich

Der Ring liegt/ist . . . . .

. . . . .
. . . . .

in
an
auf
über
unter
neben
vor
hinter
zwischen

\+

Maskulinum + Neutrum	Femininum	
dem Teppich, Kissen, Samowar, Fußboden	**der** Lampe, Wand, Tür	Dativ Singular
den Kissen, Teegläsern, Pantoffeln, Wänden		Dativ Plural

in / an + dem = **im / am**

Präpositionen + **Dativ**

2. Der Dativ

Singular	Maskulinum	Feminium	Neutrum
Nominativ Akkusativ	der Tisch den Tisch	die Tür die Tür	das Kissen das Kissen
Dativ	dem Tisch	der Tür	dem Kissen
Plural			
Nominativ Akkusativ	die Tische die Tische	die Türen die Türen	die Kissen die Kissen
Dativ	den Tischen	den Türen	den Kissen

3. Aufforderung: Imperativ, Infinitiv

Imperativ			Infinitiv
Zeichnen Sie Zeichne Zeichnet	vier Quadrate!		Vier Quadrate zeichnen!
Malen Sie Male Malt	einen blauen Kreis!		Einen blauen Kreis malen!
Schneiden Sie Schneide Schneidet	die Figur	aus! aus! aus!	Die Figur ausschneiden!

Privatgrund!
Motorrad-, Moped- und Radfahren verboten
Sauberes München
machen Sie mit
Trinkt mehr Milch!
Fußballspielen verboten
Nicht Fotografieren
Feuerwehr-Anfahrtszone
Zufahrt freihalten
Ruf doch mal an!

Ü 1 **Antworten Sie**

Beispiel: Wo ist mein Fotoapparat? – **Im (in dem) Schrank.**

Aufgabe: Wo sind meine Koffer? (Hotel) – Wo ist meine Tasche? (Auto) – Wo ist mein Füller? (Sakko) – Wo ist meine Uhr? (Badezimmer) – Wo ist mein Mann? (Restaurant) – Wo ist mein Pullover? (Schrank) – Wo ist Maria? (Kino) – Wo ist das Ausländeramt? (2. Stock) – Wo ist meine Pistole? (Koffer) – Wo sind die Kinder? (Garten) – Wo ist der Hund? (Haus) – Wo sind die Teegläser? (Wohnzimmer).

Ü 2 **Wo ist mein Paß? – Auf dem Schreibtisch. – Nein, auf dem Schreibtisch ist er nicht! – Dann ist er im/auf dem Regal.**

○	●	○	●
1. Wo ist mein Ring?	. . . Badezimmer.	Nein, . . . nicht!	Dann ist . . . Küchentisch.
2. Wo ist die Steuerkarte?	. . . Schreibtisch.	Nein, . . . nicht!	Dann ist sie . . . Lohnbüro.
3. Wo sind die Schlüssel?	. . . Haken.	Nein, . . . nicht!	Dann sind sie . . . Schublade.
4. Wo ist Paolo?	. . . Schule.	Nein, . . . nicht!	???
5. Wo ist mein Pullover?	. . . Schrank.	Nein, . . . nicht!	Dann ist er . . . Koffer.
6. Wo sind die Schallplatten?	. . . Regal.	Nein, . . . nicht!	Dann sind sie . . . Büchern.
7. Wo ist meine Uhr?	. . . Hosentasche.	Nein, . . . nicht!	Dann ist sie . . . Fernsehr.
8. Wo sind meine Pantoffeln?	. . . Bett.	Ja, da sind sie!	
9. Wo ist die Schultasche?	. . . dein- Zimmer.	Nein, . . . nicht!	Dann ist sie . . . Schule.
10. Wo ist das Lexikon?	. . . Schultasche.	Nein, . . . nicht!	Dann ist es . . . Regal.
11. Wo ist die Flasche Raki?	. . . Küchentisch.	Nein, . . . nicht!	Dann ist sie . . . Picknickkorb.
12. Wo sind die Zigaretten?	. . . Fensterbrett.	Nein, . . . nicht!	Dann sind sie . . . Fußboden.

Ü3 Wo bekommt man was?

Tee		am Kiosk.
Fahrkarten		beim Bäcker.
Fleisch		auf dem Postamt.
Briefmarken	bekommt man	in der Apotheke.
Zeitungen	gibt es	beim Metzger/Schlachter.
Gemüse	kauft man	im Kaufhaus/Supermarkt.
Medizin		auf dem Markt.
Möbel		im Laden.
Brot		am Fahrkartenschalter.

Ü4 Ergänzen Sie

"Wie komme ich zum Kaufhaus Horn?" – "Gehen Sie die Hafengasse ..... Dann hinter d. .... Hotel rechts ..... die Brücke. Danach am Park ..... und ..... dem Park links. Dann ..... Zoo entlang und geradeaus ..... das Nordtor. Und dann rechts ..... Kaufhaus Horn."

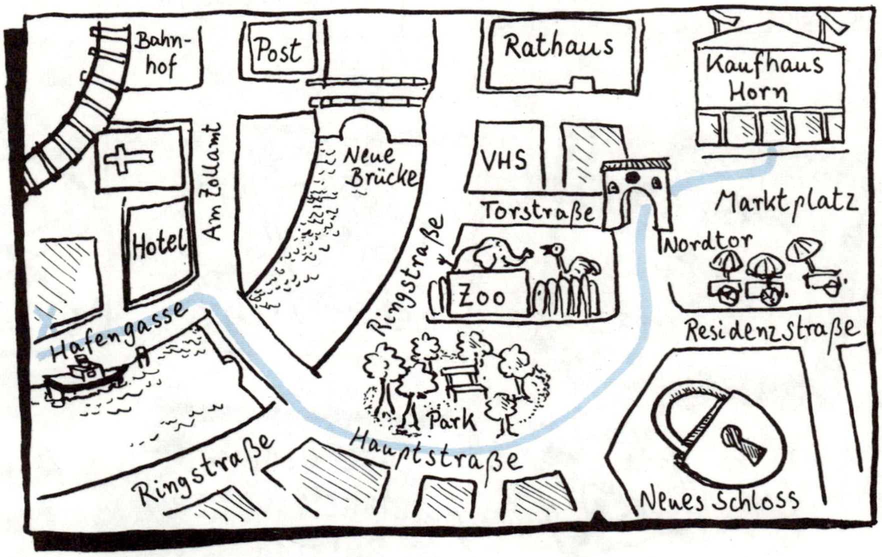

Bahnhof
Post
Rathaus
Kaufhaus Horn
Am Zollamt
Neue Brücke
VHS
Torstraße
Marktplatz
Nordtor
Hotel
Ringstraße
Zoo
Hafengasse
Residenzstraße
Park
Hauptstraße
Ringstraße
Neues Schloss

Ü5 Ergänzen Sie

Lieber Peter,

ich bin ... Josip und Josipa. Sei bitte leise! Die Kinder liegen schon ... Bett und schlafen. Dein Essen steht ... d.. Küche ... d.. Tisch. ... Kühlschrank ist eine Flasche Bier. ... Thomas ist ein Brief gekommen. Der liegt ... d.. Fensterbank. ... Fernsehen ist heute das Fußballspiel Deutschland ... Holland. Das Programm liegt ... d.. Sofa. Ich komme ... 11 Uhr zurück. Gruß Helga

Ü6 Sagen Sie es anders

Beispiel: Vier Quadrate zeichnen! – **Zeichnen Sie vier Quadrate!/Zeichne vier Quadrate!**

Aufgabe: Ein Stück Pappe nehmen! – Einen blauen Kreis malen! – Die ganze Figur ausschneiden! – Daraus einen Körper falten! – Eine Figur zeichnen! – Dem Chef einen Stuhl bringen! – Eine Pizza backen! – Mehl und Hefe kaufen! – Hefe in Wasser tun! – Etwas Zucker dazugeben! – Mehl und Wasser mischen! – Salz dazugeben!

Ü7 Sagen Sie das höflich

Beispiel: Ich will/möchte eine Zigarette! –
a) Bitte geben Sie mir eine Zigarette!/Bitte gib mir eine Zigarette! b) Würden Sie mir bitte eine Zigarette geben?/Würdest du mir bitte eine Zigarette geben?

Aufgabe: Ich will ein Bier! – Ich möchte die Zeitung haben! – Ich will einen Hammer! – Ich möchte etwas zu essen! – Ich will ein Kilo Tomaten! – Ich brauche etwas Geld! – Ich möchte mit deinem/Ihrem Mofa fahren! – Ich brauche deinen Autoatlas!

1

KAUFHALL
RESTAUR
KINO
Volkshochschul
Sonderangebote
Ramsch + Ausschuss zu günstigen Preisen

Gehen Sie mit ins Café?	Ja, prima.
Gehen wir etwas essen?	Ja, ich komme mit.
Oder zur Volkshochschule?	Ja, gehen wir ins Café.
Oder in den Frauenbuchladen?	Ich weiß nicht.
Kommen Sie mit?	Mein Mann wartet.
Kommen Sie doch mit!	Nein, ich muß nach Hause.

Einige Adressen für Frauen in München ▶

① *Frauenbuchladen,* Arcisstr. 57, T. 272 12 05
② *Frauentherapiezentrum,* Auenstr. 31, T. 725 25 50
③ *Frauenkino,* Arcisstr. 62
④ *Pro Familia,* Türkenstr. 103, T. 39 90 79
⑤ *Frauengesundheitszentrum,* Gabelsbergerstr. 66, T. 52 83 11
⑥ *Frauenhaus,* T. 52 66 77 (ohne Adresse)
⑦ *Beratung für arbeitslose Mädchen,* Auenstr. 31, T. 725 25 50

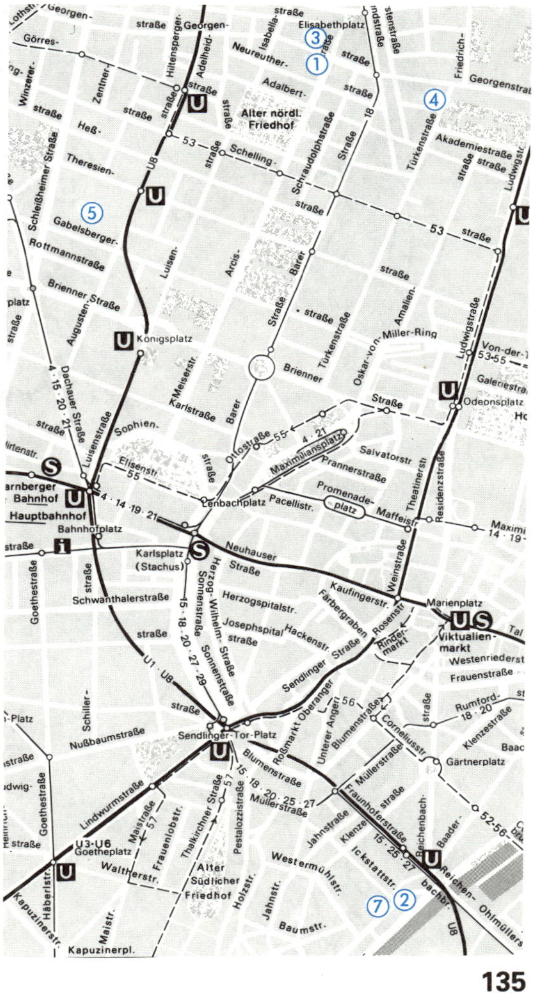

Und in Ihrer Stadt?

2

Welcher Text paßt zu welchem Bild?

④ "Ich bin Lehrerin und heiße Teresa Lacedelli. Ich bin geschieden. Ich bin in einer Frauengruppe. Wir treffen uns ein- oder zweimal in der Woche. Wir gehen auch manchmal ins Theater oder ins Kino."

Ⓐ

B

③ "Ich heiße Gülay und komme aus der Türkei. Ich habe drei kleine Kinder. Beinahe jede Woche treffe ich andere türkische Frauen aus meinem Viertel. Wir kaufen gemeinsam ein und unterhalten uns."

② "Ich heiße Ingrid Weihermüller, bin Hausfrau und habe ein fünf Monate altes Baby. Manchmal treffe ich meine Freundinnen im Frauencafé. Mein Mann paßt dann auf Alexandra auf."

C

E

D

① "Ich bin Sabine Meister, 17 Jahre alt. Ich mache eine Lehre als Sprechstundenhilfe. Samstags gehe ich mit meiner Clique in die Disco. Manchmal machen wir auch eine Party zu Hause."

⑤ "Mein Name ist Anna Moser. Ich bin 62 Jahre alt, Rentnerin. Mein Mann ist vor einem Jahr gestorben. Zweimal in der Woche bin ich bei meiner Schwiegertochter und meinen Enkeln."

Ⓕ

G

– **Was machen diese Frauen in ihrer Freizeit?**

– **Was machen Sie in Ihrer Freizeit?**

Mein Paß ist weg!

1

Du, mein Paß ist weg!

Hast du ihn vergessen? Zu Hause?

Nein, ich hab ihn in die Tasche gesteckt.
Ganz bestimmt. Gleich heute morgen!

Dann hast du ihn verloren.
Wo bist du überall gewesen?

Das weißt du doch! Im Kaufhof, auf der Bank .....
Und dann sind wir mit der Straßenbahn hierher gefahren.

Zeig mal, wo hast du ihn hingesteckt?

Hier vorne in die Tasche.

Dann ist er rausgefallen!

IOSK
GLEIS
11-20
KAUFHOF
Boutique
Daisy

	Hast	du den Paß	**vergessen?**
Wo	**hast**	du ihn	**hingesteckt?**
Ich	**habe**	ihn in die Tasche	**gesteckt.**
Wo	**bist**	du überall	**gewesen?**
Wir	**sind**	auf der Bank	**gewesen.**
Wir	**sind**	mit der Straßenbahn hierher	**gefahren.**

Frau Karaman geht zum Fundamt

2

1
Einwohner-
meldeamt
2
Paßstelle
Zi. 59
7
8
Zahlstelle
3
4
5
6
Zi. 308
Fundamt
9
Konsulat

Frau Karaman hat ihren Paß verloren. Sie geht zuerst zum Einwohnermeldeamt. Der Mann am Eingang schickt sie zur Paßstelle, Zimmer 59.
Der Herr in der Paßstelle ist nicht sehr freundlich. "Gehen Sie zum Fundamt", sagt er.
Frau Karaman geht zum Fundamt. Sie braucht eine Bestätigung, daß sie den Paß verloren hat.
Dann geht sie zurück zum Einwohnermeldeamt, Zimmer 59. Der Beamte schickt sie nach Zimmer 308: "Stempel holen".
In Zimmer 308 prüft man ihre Aufenthaltserlaubnis. Sie muß wieder zurück nach Zimmer 59. Sie füllt ein Formular aus.
Danach geht sie zur Zahlstelle und bezahlt eine Gebühr von 5 Mark.
Sie muß nun noch einmal auf Zimmer 59. Wieder bekommt sie eine Bestätigung.
Schließlich fährt sie zum Konsulat. Aber das ist heute schon geschlossen.

Frau Karaman ist neunmal von Stelle zu Stelle gegangen.

PERSONALAUSWEISE - REISEPÄSSE
Fassen Sie sich bitte kurz!!
Rauchen verboten!

Frau Karaman geht zuerst zum Einwohnermeldeamt,	dann	zum Fundamt.
	danach	zur Zahlstelle.
	später	nach Zimmer 308.
	noch einmal	in den 2. Stock.
	schließlich	zum Konsulat.
	zum Schluß	. . . . .
	endlich	. . . . .

3

Paul: Hände hoch!
Emil: Hilfe!
Paul: Gib deine Brieftasche her!
Emil: Hab keine. – Mensch, Paul!
Paul: Mensch, du, Emil!?
Emil: Du hast dich aber gar nicht verändert.
Paul: Da habe ich beinahe einen Fehler gemacht!
Emil: Du Trottel, geh doch mal zum Augenarzt!
Paul: Weißt du noch, damals im Klingelpütz?
Emil: Ja, und davor in Sing-Sing?
Paul: Du, das müssen wir feiern!
Emil: Prima, ich geb einen aus!
Was hast du so lange gemacht?
Paul: Ich war in Amerika.
Da hab ich . . . . .

Wohin stellen wir die . . . . .?

4

ARD
ZDF

○ Die Waschmaschine in die Küche, hier links – da in die Ecke.
Und den Küchentisch neben die Waschmaschine.
Die Uhr!? Wohin stellen wir die? – Nehmen Sie zuerst den Schrank.
Der kommt in das große Zimmer da hinten links.

● Links?

○ Nein, rechts – – – nein, doch links! – Ach so –, also rechts!
Aber legen Sie zuerst den Teppich hin! Und dann den Schrank auf den Teppich.

●● Haben Sie eine Flasche Bier für uns?

○ Bier?? Was, jetzt schon?

●● Es ist so heiß!

○ Da muß ich erstmal in den Supermarkt und was holen.
Fangen Sie bitte schon an, meine Herren! Stellen Sie das Regal bitte . . . . .

● Ja, ja, schon gut!

Wohin stellen wir . . . . .? **Wohin** legen wir . . . . .? **Wohin** kommt . . . . .?	**In die** Küche / **In die** Ecke. **In das** große Zimmer. **Auf den** Teppich. **Neben die** Waschmaschine.

Ü1 Intonation

Wir trinken. Wir haben getrunken. Wir haben ein Bier getrunken.

Ihr trinkt? Ihr habt getrunken? Ihr habt ein Bier getrunken?

Ich habe meinen Paß vergessen! Was hast du vergessen? Deinen Paß?

Heute vormittag habe ich ihn noch gehabt! Hast du ihn wirklich noch gehabt?

Ich hab ihn in die Tasche gesteckt. Wohin hast du ihn gesteckt? In die Tasche?

Ü2

Herr Sanders kann seine Zeitung nicht finden.
Wohin hat er sie gelegt?

Ü3 Was hat Josef Bauer diese Woche gemacht?

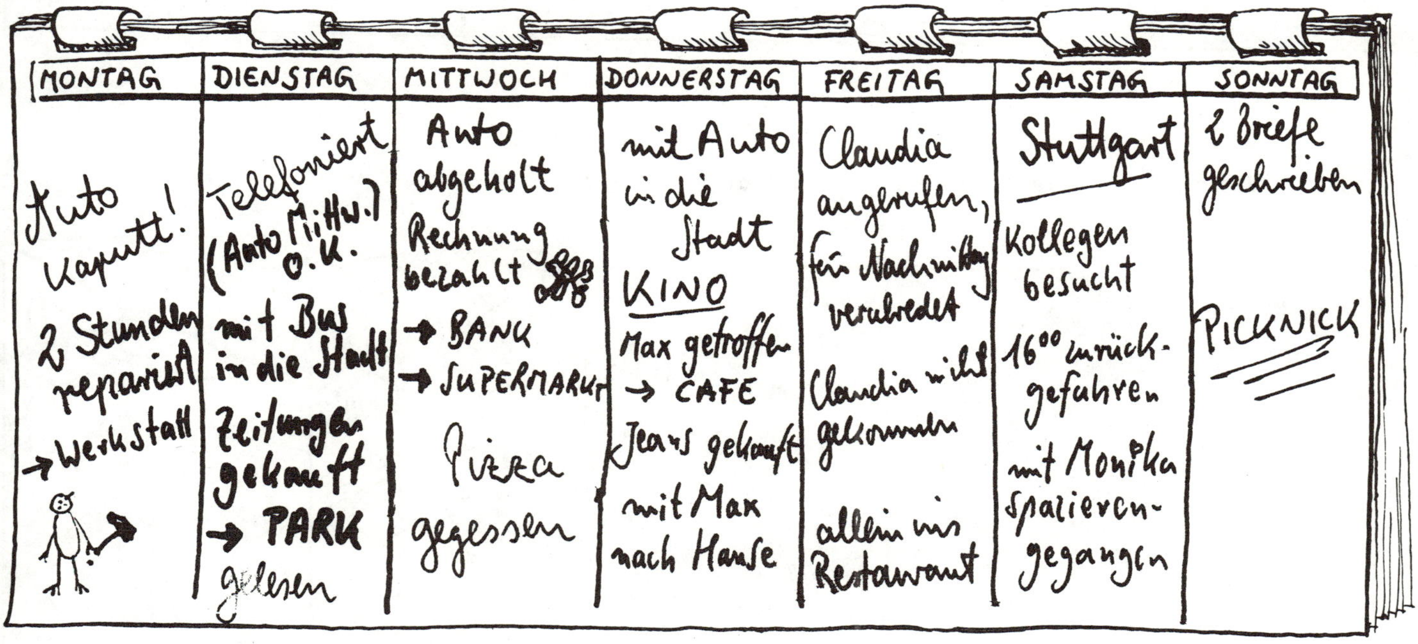
MONTAG
Auto kaputt!
2 Stunden repariert
→ Werkstatt
DIENSTAG
Telefoniert (Auto Mittw.?) O.K.
mit Bus in die Stadt
Zeitungen gekauft
→ PARK
gelesen
MITTWOCH
Auto abgeholt
Rechnung bezahlt
→ BANK
→ SUPERMARKT
Pizza gegessen
DONNERSTAG
mit Auto in die Stadt
KINO
Max getroffen
→ CAFE
Jeans gekauft
mit Max nach Hause
FREITAG
Claudia angerufen,
für Nachmittag verabredet
Claudia nicht gekommen
allein ins Restaurant
SAMSTAG
Stuttgart
Kollegen besucht
16⁰⁰ zurückgefahren
mit Monika spazierengegangen
SONNTAG
2 Briefe geschrieben
PICKNICK

Was haben Sie letzte Woche gemacht?

Ü4 Was hat Sherlock Holmes gesehen?

1
KIOSK
2
SÜDDEUTSCHE
3
21
22
23
24
SÜDDEUTSCHE
4
5
6
7
8

Ü5 Was hat Gabi Schmidt heute in der Stadt gemacht?

A Gabi ist / hat ..... Dann ist sie .....
B Ich bin / habe .....

1
2
3
4

FREITAG, 13. SEPTEMBER

UMZUG

5.00 früh aufgestanden, schnell gewaschen, angezogen, Kaffee getrunken
5.30 gepackt; Freunde gekommen, geholfen
7.00 Kinder geweckt, angezogen, Frühstück gemacht
8.00 auf Umzugsfirma gewartet
8.30 Möbelwagen nicht gekommen; Firma angerufen („Wagen schon losgefahren!"). weiter gewartet
9.15 Möbelwagen noch nicht da, wieder angerufen („Schon lange losgefahren!"), auf Straße gegangen, Möbelwagen gesucht, gewartet
9.45 wieder angerufen („richtige Adresse?")
10.00 Kinder gespielt, Lampe kaputtgemacht; überlegt: andere Fa. anrufen?
11.15 Möbelwagen gekommen! (mit Möbeln!!)

Neue Mieter! „Jetzt einziehen!" Möbel ausgeladen, auf Straße gestellt
12.30 zus. Kaffee getrunken, gewartet - - - - -

Herr und Frau Hempel sind schon um 5.00 Uhr aufgestanden. Sie haben sich schnell gewaschen und angezogen.

Dann haben sie Kaffee getrunken.
Ab 5.30 Uhr haben sie gepackt.
Ihre Freunde sind gekommen und haben geholfen.

Um 7.00 Uhr hat Herr Hempel die Kinder geweckt und angezogen. Seine Frau hat Frühstück gemacht.

Ab 8.00 Uhr haben sie auf die Umzugsfirma gewartet.

Um 8.30 Uhr ist der Möbelwagen noch immer nicht gekommen.

Herr Hempel hat die Firma angerufen.
"Der Wagen ist schon losgefahren", hat man ihm gesagt.
Hempels haben weiter gewartet.

Um 9.15 Uhr ist der Möbelwagen immer noch nicht da.

Herr Hempel hat wieder angerufen.
"Der Wagen ist schon lange losgefahren!"

Da sind Hempels auf die Straße gegangen und haben den Möbelwagen gesucht. Aber sie haben ihn nicht gefunden; sie haben weiter gewartet.

Herr Hempel hat wieder angerufen und gefragt: "Haben Sie dem Fahrer auch die richtige Adresse gesagt? Nebelhornstraße 1?"

Die Kinder haben zwischen den Möbeln und Kästen und Kartons gespielt und eine Lampe kaputtgemacht. – Hempels haben überlegt: "Sollen wir eine andere Firma anrufen?"

Um 11.15 Uhr ist der Möbelwagen gekommen. Aber es war ein anderer Möbelwagen! Voll mit Möbeln!

Die neuen Mieter sind schon gekommen und wollten gleich einziehen!

Sie haben ihre Möbel ausgeladen und erstmal auf die Straße gestellt.

Herr Hempel hat Kaffee gekocht. Alle haben zusammen Kaffee getrunken und gewartet . . . . .

1. Das Perfekt (→ 4D2)

1		2		1		2	
Ich	bin			Ich	habe		
Er	ist	zum Kiosk	gegangen.	Er	hat	eine Zeitung	gekauft.
Wir	sind			Wir	haben		
	sein +		**Partizip**		**haben** +		**Partizip**

2. Perfekt mit "sein"

Manfred	**ist**	nach Italien gereist.
Er	**ist**	zu Lorenzo gefahren.
Die beiden	**sind**	durch die Stadt gegangen.
Sie	**sind**	im Restaurant gewesen.
Ich	**bin**	nach Ankara geflogen.
Sie	**ist**	spät nach Hause gekommen.

Perfekt mit "haben"

Dieter	**hat**	gearbeitet.
Er	**hat**	Hausaufgaben gemacht.
Tino	**hat**	Kisten getragen.
Karl	**hat**	ihm geholfen.
Ich	**habe**	meinen Ring verloren.
Sie	**haben**	den Paß gesucht.

3. Das Partizip

a) ge . . . . . (e)t

machen:	mach
hören:	hör
spielen:	spiel
kaufen:	kauf
sagen:	sag
fragen:	frag
stecken:	steck
zeigen:	zeig
angeln:	angel
arbeiten:	arbeit
antworten:	antwort
warten:	wart

. . . . ge . . . . . (e)t

ein/kaufen:	ein	kauf
an/machen:	an	mach
ein/schalten:	ein	schalt
auf/hören:	auf	hör
zu/nähen:	zu	näh
ab/holen:	ab	hol

b) ge . . . . . en

kommen:	komm
helfen:	ho**l**f
sprechen:	spr**o**ch
nehmen:	n**o**mm
fliegen:	fl**o**g
gehen:	ga**ng**
schreiben:	schr**ie**b
trinken:	tr**u**nk
singen:	s**u**ng
essen:	**g**ess
sein:	**wes**
. . . . .	. . . . .

. . . . . ge . . . . . en

ab/fahren:	ab	fahr
an/kommen:	an	komm
zurück/fahren:	zurück	fahr
an/fangen:	an	fang
raus/fallen:	raus	fall
mit/gehen:	mit	gang
um/steigen:	um	stieg
weg/werfen:	weg	worf

c) Lernen Sie extra:

bringen:	ge-br**ach**-t	telefonieren:	telefonier-t	besuchen:	besuch-t
denken:	ge-d**ach** -t	reparieren:	reparier -t	verlieren:	verl**o**r-en

4. Das Perfekt im Satz

Ich	habe	meinen Paß	verloren	.
Ich	habe	ihn in die Tasche	gesteckt	.
Wir	sind	mit der Straßenbahn	gefahren	.

Wo	hast	du ihn	hingesteckt	?
Wo	bist	du überall	gewesen	?
Wer	hat	den Paß	gefunden	?

Hast	du ihn zu Hause	vergessen	?
Hat	Dieter die Hausaufgaben	gemacht	?
Habt	ihr die Musik	gehört	?

5. Wohin kommen die Sachen?

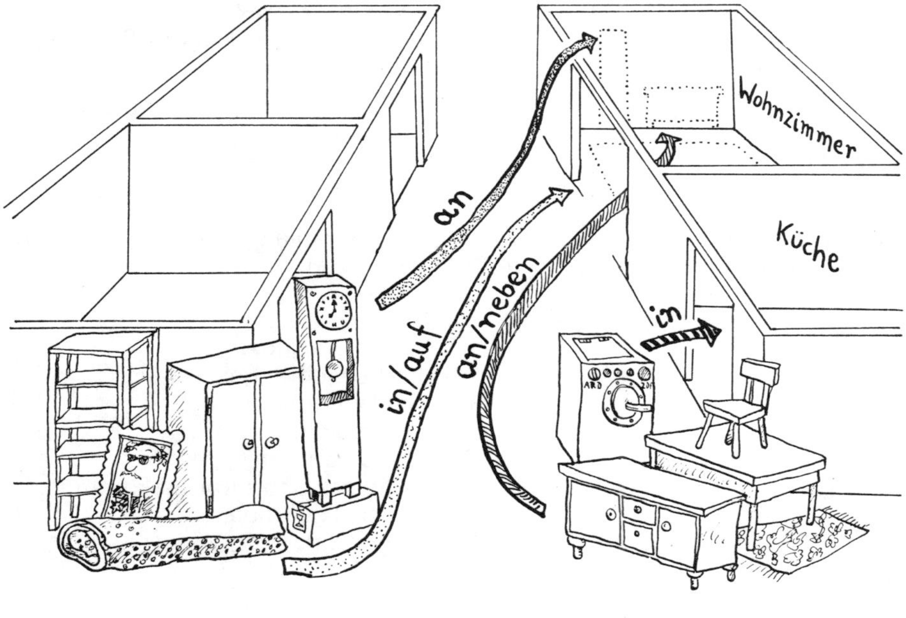

Wohnzimmer
Küche
an
in/auf
an/neben
in

in
an
auf
über
unter
neben
vor
hinter
zwischen

Maskulinum	Neutrum	Femininum	
den Fußboden, Teppich	das Wohnzimmer, Regal	die Ecke, Wand, Küche	Akkusativ Singular
die Teppiche, Wände, Türen, Fenster, Zimmer			Akkusativ Plural

Präposition + **Akkusativ**

Ü1 **Ergänzen Sie**

Beispiel: Vorige Wochen sind wir in Madrid **gewesen.**

Aufgabe: Vorige Woche sind wir in Madrid .... Wir haben das Flugzeug um acht Uhr ..... Es ist nur vier Stunden ..... Wir sind mit dem Bus in die Stadt ..... Onkel José hat uns ..... Wir sind zuerst nach Hause ..... und haben Tante Encarnita ..... Dann sind wir in ein Restaurant ..... Wir haben eine Paëlla ..... und Weißwein ..... Danach sind wir ziemlich müde ..... Wir sind zu Onkel José und Tante Encarnita nach Hause ..... und haben noch lange ..... Am nächsten Tag haben wir unsere Koffer .....

Ü2 **Antworten Sie**

Beispiel: Trink doch einen Ouzo! – **Nein, ich habe schon einen getrunken.**

Aufgabe: Iß doch ein Stück Kuchen! – Sing doch ein Lied! – Frag doch den Lehrer! – Sag doch auch mal etwas! – Fahr doch mal nach Berlin! – Hilf mir doch mal! – Kauf dir doch ein neues Kleid! – Sprich doch mal mit ihr! – Schreib ihnen doch mal! – Geh doch mal zum Fundamt! – Zeig ihm doch das Foto!

Ü3 **Antworten Sie**

Beispiel: Wo ist Paul? – **Im Kino.**

Aufgabe: Wo ist Anna? (Deutschkurs). – Wo ist Arif? (Stadt). – Wo ist Josipa? (Arbeit). – Wo ist Heinz? (Einkaufen). – Wo ist Christos? (Ausländeramt). – Wo ist Ayşe? (Schule). – Wo ist Nilgün? (Friseur). – Wo ist Onkel José? (Bahnhof). – Wo ist Josip? (Post).

Ü4 **Ergänzen Sie**

Zwei Freunde treffen sich. Sie haben sich lange nicht gesehen. Sie erzählen, was sie gemacht haben.
Beispiel: Reiche Frau geheiratet. – **Ich habe eine reiche Frau geheiratet.**

Paul
Beamter geworden.
Reiche Frau geheiratet.
3 Kinder bekommen.
Auto gekauft.
Haus gekauft.
Lange krank gewesen.

Emil
Nach Amerika gegangen.
Als Straßenkehrer gearbeitet.
Viel Geld verdient.
Karten gespielt.
Alles Geld verloren.
Nach Deutschland zurückgekommen.
Keine Arbeit gefunden.
Pistole gekauft.

Ü5 **Wohin sind Serena und Anna gegangen?**

SCHUHE
Disco

Zuerst ....., dann ....., danach ....., anschließend ....., am Ende .....,

Wir haben unsere Freunde mitgebracht!
Bitte langen Sie zu!
Danke, wir haben keinen Hunger.
Komische Leute!

Herr und Frau Blaschke bekommen Besuch von ausländischen Gästen. Die Gäste bringen noch 2 Freunde mit. Damit haben Blachkes nicht gerechnet!

Frau Blaschke hat Angst, daß sie zu wenig gekocht hat.

Frau Blaschke bietet ihren Gästen zu essen an. Aber die sagen, daß sie keinen Hunger haben. Blaschkes sind ratlos!

Frau Blaschke bietet den Gästen noch einmal zu essen an; aber die danken wieder. Da deckt sie den Tisch ab. Ihr Mann holt jetzt was zu trinken.

Nach 3 Stunden sind Blaschkes wieder allein.

Das war ein Fehler! Die haben einfach unangemeldet Freunde mitgebracht. Das macht man in Deutschland nicht.
Die Gäste haben bemerkt, daß Frau Blaschke nur für 4 Leute gekocht hat. Darum haben sie alle nichts gegessen.
Bei uns fängt man nicht gleich mit dem Essen an. Wir unterhalten uns erst!
Jch finde, die Gäste waren unhöflich!
Frau Blaschke hat nur zweimal zum Essen aufgefordert. Bei uns macht man das viel öfter!

Der Golf ist besser

1

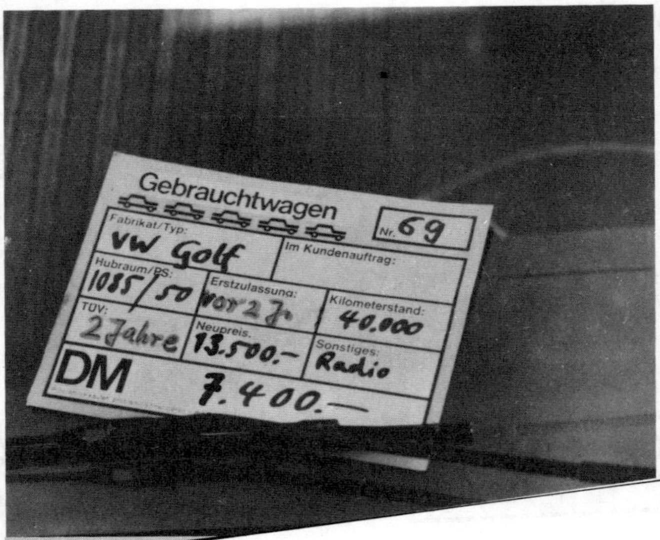

Gebrauchtwagen
Nr. 69
Fabrikat/Typ: VW Golf
Im Kundenauftrag:
Hubraum/PS: 1085/50
Erstzulassung: vor 2 J.
Kilometerstand: 40.000
TÜV: 2 Jahre
Neupreis: 13.500,-
Sonstiges: Radio
DM 7.400,-

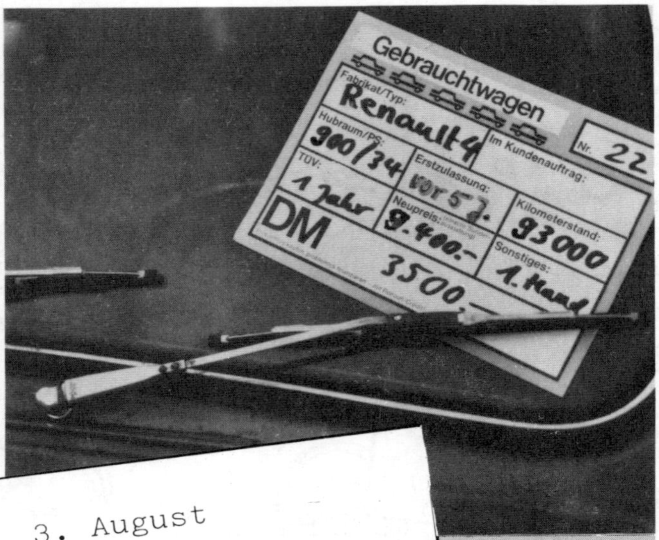

Gebrauchtwagen
Fabrikat/Typ: Renault 4
Nr. 22
Im Kundenauftrag:
Hubraum/PS: 900/34
Erstzulassung: vor 5 J.
Kilometerstand: 93000
TÜV: 1 Jahr
Neupreis: 9.400,-
Sonstiges: 1. Hand
DM 3500,-

3. August

Sehr geehrter Herr Jocović,

hier im Automarkt sind 2 gute Gebrauchtwagen: ein VW Golf und ein Renault 4.

Der Golf hat 50 PS, der R 4 nur 34, aber er verbraucht auch viel weniger Benzin: 6 l auf 100 km (der Golf 10-12 l/100 km). Der Renault kostet DM 3.500,-, der Golf DM 7.400,-.

Aber ich glaube, der Golf ist besser. Er hat erst 40.000 km (der R 4 viel mehr: 93.000) und ist neuer, erst 2 Jahre alt. Er war gerade beim TÜV, alles ist in Ordnung.

Am Mittwoch um 11 Uhr habe ich Zeit; da kann ich Ihnen die Autos zeigen.

Mit freundlichen Grüßen

Max Kay

	VW-Golf	Renault 4
+	neuer 2 Jahre TÜV viel schneller / mehr PS	billiger viel weniger Benzin weniger Steuer und Versicherung
—	teurer mehr Benzin mehr Steuer und Versicherung	älter TÜV nur 1 Jahr langsamer / weniger PS

Jugoslawien ist größer als die Bundesrepublik

2

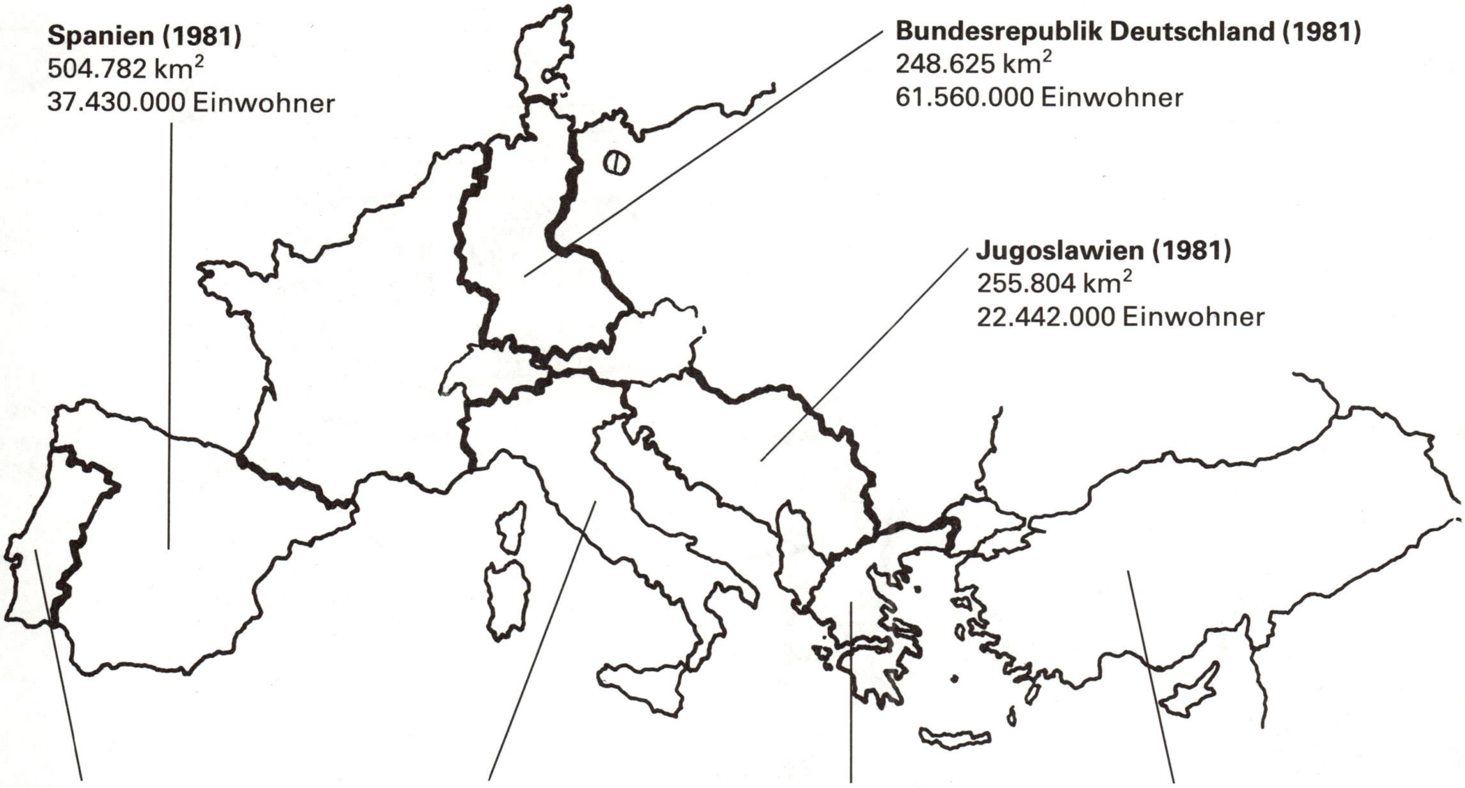

Spanien (1981)
504.782 km²
37.430.000 Einwohner

Bundesrepublik Deutschland (1981)
248.625 km²
61.560.000 Einwohner

Jugoslawien (1981)
255.804 km²
22.442.000 Einwohner

Portugal (1981)
92.082 km²
9.930.000 Einwohner

Italien (1981)
301.252 km²
57.040.000 Einwohner

Griechenland (1981)
131.944 km²
9.706.687 Einwohner

Türkei (1981)
780.576 km²
45.217.556 Einwohner

Diese Länder sind ungefähr gleich groß:

Die Bundesrepublik Deutschland ist fast so groß wie Jugoslawien. Jugoslawien hat 256.000 km² und ist etwas größer als die Bundesrepublik mit 249.000 km².

Aber Jugoslawien hat viel weniger Einwohner:
22 Millionen.
Die Bundesrepublik hat 40 Millionen mehr.

Am größten ist die Türkei. Sie hat 780.000 km².
Am kleinsten ist Portugal mit 92.000 km².
Es hat auch am wenigsten Einwohner.

Nein, das stimmt nicht! Griechenland hat noch weniger.

groß	genauso groß (wie)	größer (als)	am größten
klein	genauso klein (wie)	kleiner (als)	am kleinsten
viel	genauso viel (wie)	mehr (als)	am meisten
wenig	genauso wenig (wie)	weniger (als)	am wenigsten

3

○ Mensch, kuck mal! Wer ist denn das?
● Alessandro! Das ist Alessandro.
○ Ach was! Der trinkt doch nicht!
● Doch, doch! Das ist er. Bestimmt!
○ Unsinn, das ist José!
● José? Der ist doch viel dicker!
○ Dann ist es Herr Schulz, von oben.
● Ja natürlich! Herr Schulz! Oh Gott!

○ Mensch . . . . .! . . . . . denn . . . . .?
● . . . .
○ Ach was! . . . . . doch . . . . .
● Doch, doch! . . . . . Bestimmt!
○ Unsinn, ...!
● . . . . . doch . . . . .!
○ . . . .
● . . . . . natürlich! . . . . . Oh Gott!

Ü1 Intonation, Akzent, Rhythmus

nein	nein! ja! wann? wo? gut!
nein	nein? ja? wann? wo? gut?
fer tig	fertig! leider! bitte! danke! Abfahrt! abfahren, antworten, arbeiten, lächerlich, unbestimmt, Hammelfleisch, Augenarzt, Angestellte, Arbeitsstelle, einverstanden, weitermachen, Arbeitserlaubnis, Fahrkartenschalter, Sprechstundenhilfe, Aufenthaltserlaubnis, Vorbereitungsklasse, Arbeitsunfähigkeitsbescheinigung
fer tig	fertig? Hammelfleisch? Arbeitserlaubnis? Arbeitsunfähigkeitsbescheinigung?
al lein	allein, April, August, Café, Fabrik, Friseur, gefragt, gemacht, umsonst, ein Bier, das Bier, zwei Mark, elegant, Formular, Garantie, Konsulat, Polizei, eine Mark, Biologie, Mathematik, Operation
al lein	allein? sofort? zwei Mark? umsonst? Polizei? Mathematik?
ver bo ten	verboten, elektrisch, Europa, Kartoffel, Oktober, am Abend, die Hälfte, gehalten, eine Bluse, automatisch, gegenüber, Garantieschein, fotografieren, funktionieren, entschuldigen, Gesundheitsamt, Radiergummi, Verkäuferin, Berufsberatung, Studentenwohnheim, Familiennachzug, Familienzusammenführung, Gehirnerschütterung, Erziehungsberatungsstelle
ver bo ten	verboten? am Abend? gegenüber? Berufsberatung? Erziehungsberatungsstelle?

Ü2 Leben Sie lieber in der Stadt oder auf dem Land?

	+	–
1. Leben in der Stadt	mehr Schulen, Geschäfte, Kinos	mehr Lärm, Schmutz ....
2. Leben auf dem Land	weniger Lärm, mehr Ruhe	weniger Schulen, Restaurants ....

3. Eine normale Schulklasse besuchen – eine Nationalitätenklasse besuchen
4. In einem Hochhaus wohnen – in einem Reihenhaus wohnen
5. Urlaub in Deutschland machen – Urlaub zu Hause machen
6. Kinder zu Hause – Kinder im Kindergarten
7. Nach der Schule gleich arbeiten und Geld verdienen – eine Berufsausbildung machen

Ü3 Wo kauft man besser ein? Im Supermarkt oder im Laden?

billiger, mehr Auswahl, schneller . . . . .

Bedienung freundlicher . . . . .

Ü4 Vergleichen Sie diese zwei Gebrauchtwagen

Renault R6
Bj. 76 78 000 km
TÜV 1 Jahr
Bremsen und Auspuff neu
sehr guter Zustand!
3.300,- T. 273419

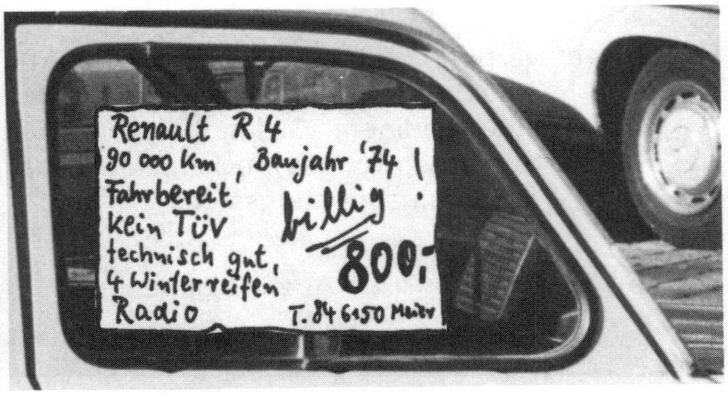
Renault R 4
90 000 Km, Baujahr '74 !
Fahrbereit
kein TÜV
technisch gut,
4 Winterreifen
Radio
billig!
800,-
T. 846150 Meier

Ü5 Welcher Text paßt zu welchem Bild?

"Alle Leute im Dorf hatten nun einen Besen. Was machte Antek dann?"

→ 11C1

(A)

(B)

NEU!
Der SUPERBESEN
von PISTOLE
HEXEN REITEN BESEN
VON PISTOLE

(C)

(D)

5 000 000

(1) Antek holte alle Besen und verbrannte sie.

(2) Antek spielte im Lotto und gewann 5 Millionen.

(3) Antek machte neue Besenmodelle und malte viele Plakate.

(4) Antek ging in die Bundesrepublik und arbeitete in einer Besenfabrik.

DIE GESCHICHTE VON ANTEK PISTOLE
Ein Roman aus Margarinien

Margarinien ist ein Land,
ein Land wie Griechenland, Jugoslawien
und die Türkei — nur etwas kleiner.
Margarinien liegt im Süden.

In einem kleinen Dorf in Margarinien
lebte vor 70 Jahren Antek Pistole, der Besenbinder.
Was ist ein Besenbinder?
Ein Mann, der Besen macht!

Antek Pistole war ein guter, ehrlicher Mensch.
Er lebte gut mit allen Menschen zusammen
und machte nie einen Streit.
Antek war stark wie ein Bär.
Er arbeitete Tag für Tag
und machte Besen, sehr gute Besen,
die nie kaputtgingen.
Jeden Tag machte er 5 Besen.
Er verkaufte sie und kaufte sich
für das Geld Brot, Wurst und eine Flasche Bier.

Antek hatte das Besenbinden von seinem Vater gelernt.
Und der hatte es auch von seinem Vater gelernt,
und der auch von seinem Vater usw.
Jeder hatte es von seinem Vater gelernt.

In dem kleinen Dorf lebten damals nur 311 Leute.
Bald hatten alle einen Besen von Antek.
Und leider waren Anteks Besen viel zu gut,
sie gingen nie kaputt.
Sie waren so gut, daß die Mutter den Besen
an die Kinder weitergab und die Kinder
wieder an die Kinder.

Alle, alle hatten einen Besen von Antek!

WAS ABER MACHTE ANTEK DANN???

....

2

DIE ERZÄHLUNG VON DEN DREI RINGEN

Nach: Gotthold Ephraim Lessing, *Nathan der Weise*

Ein Moslem, ein Christ und ein alter Jude saßen zusammen und diskutierten über die Frage, welche Religion die wahre und richtige ist. Da erzählte der Jude Nathan folgendes Märchen:

Vor langer Zeit lebte ein Mann. Der hatte einen Ring von sehr großem Wert am Finger. Dieser Ring hatte die Kraft, seinen Besitzer bei allen Menschen beliebt zu machen. Der Mann bestimmte, daß der Ring in seiner Familie bleiben sollte. Immer sollte ihn der Sohn erben, den der Vater am meisten liebte. Und dieser Sohn sollte dann der Herr im Hause sein. So ging es viele, viele Jahre. Immer wieder vererbte der Vater den Ring an den Sohn, den er am liebsten hatte.

Einmal besaß diesen Ring ein Mann, der drei Söhne hatte. Alle drei waren ihm gleich lieb. So kam es, daß er nicht wußte, welchem Sohn er den Ring vererben sollte. Heimlich ließ er einen Künstler kommen und bestellte bei ihm zwei neue Ringe. Sie sollten genauso aussehen wie der echte Ring. Der Künstler machte die Ringe, und sie sahen wirklich genauso aus wie der echte. Auch der Vater konnte die Ringe nicht unterscheiden. Nun rief er seine Söhne, erst einen, dann den zweiten, dann den dritten. Jedem gab er einen Ring. Bald darauf starb er. Kaum war der Vater tot, wollte jeder der drei Söhne Herr im Hause sein. Sie stritten laut und lange. Aber es war umsonst, der echte Ring war nicht zu erkennen.

Da gingen die Söhne vor Gericht und klagten . . .

KA

Das Schlaraffenland

Ein Märchen frei nach Bechstein

Hört zu, ich will euch von einem schönen Land erzählen, der schönsten Gegend auf der ganzen Welt.

Wenn du hineinwillst, brauchst du keinen Paß und kein Visum, keine Aufenthaltserlaubnis und keine Arbeitserlaubnis.

Aber um das Land herum ist eine hohe Mauer aus Reisbrei. Durch diese Mauer muß man sich erst hindurchfressen. Daher kommt es, daß im Schlaraffenland die dicksten Leute leben.

Die Häuser dort haben Dächer aus Kuchen. Die Wände sind aus Pizza und die Balken aus Hammelbraten. Jede Schlaraffenfamilie hat eine eigene Wohnung. Miete zahlen nur die Reichen. Die ärmeren Leute wohnen mietfrei. Je mehr Kinder eine Familie hat, desto größer ist die Wohnung. Lebensmittel und andere Waren sind viel billiger als bei uns. Die Schlaraffen sind viel gastfreundlicher als die Menschen hier. Wenn du sie besuchst, mußt du mindestens drei Wochen bleiben und bekommst das beste Essen.

Ausländer haben dort die gleichen Rechte wie die Einheimischen. Wer länger als ein Jahr im Land ist, kann Präsident werden.

. . . . .

4

Wie heißt Du?

Eines Morgens stand ich auf, ohne Arbeitsstelle und überlegte:
,,Was soll ich jetzt machen?"
Es ist ein schöner sonniger Tag, und ich gehe durch die Stadt. Es wird immer heißer.
Da treffe ich einen Freund, und der lädt mich ein, mit ihm was zu essen.
,,Ausländisch?"
,,Na klar, ich hab schon lange nicht mehr im Restaurant gegessen."
Wir gehen in das Viertel mit den vielen ausländischen Lokalen, vorbei an der Kaufhalle. In dem Restaurant ist es kühl und gemütlich.
,,Herzlich willkommen!" sagt der Kellner. ,,Was hätten die Herren denn gerne?"
,,Bitte zweimal die Suppe da, die zu zweiachtzig. Und danach: mal sehen!"
,,Hallo, Herr Ober, bitte zahlen!"
,,Einen Augenblick bitte!" ruft der Ober.
Statt ihm kommt aber sein Chef an den Tisch.
,,Also meine Herren, ich habe eine Frage an Euch. Ich suche für die nächste Zeit einen jungen Mann als Kellnerhilfe. Hat einer von Euch Interesse?"
,,Na klar, das mach ich!" antwortete ich ihm.
,,Dann kommen Sie morgen um 9 Uhr vorbei."
Als ich länger als ein halbes Jahr bei ihm gearbeitet hatte, ich arbeitete ohne Papier und den Lohn bekam ich täglich ausbezahlt, wollte ich mir doch wieder eine feste Stelle suchen.
,,Morgen bin ich weg!" sagte ich dem Chef. Und als ich mich am Abend verabschiedete, die Tür schon geöffnet hatte, fragte mich der Chef:
,,Wie heißt Du eigentlich?"
Ich sagte: ,,Wenn Sie mich das die ganze Zeit nicht gefragt haben, dann brauchen Sie das jetzt auch nicht zu wissen!"

1. Adjektiv: Steigerung (Komparation)

a)

Positiv		klein	arm	schlecht
Komparativ		klein-er	ärm-er	schlecht-er
Superlativ	am der/das/die	klein-st-en klein-st-e	ärm-st-en ärm-st-e	schlecht-est-en schlecht-est-e

Genauso:	schön dick ruhig voll hell billig langsam schnell teuer	lang stark klug (hoch) (groß)	weit hübsch laut nett

b)

Positiv		gut	viel	gern
Komparativ		besser	mehr	lieb -er
Superlativ	am der/das/die	best -en best -e	meist-en meist-e	liebst-en liebst-e

2. Vergleichssätze

a)

Die Bundesrepublik ist fast	so groß wie	Jugoslawien.
Italien hat fast	so viele Einwohner wie	die Bundesrepublik.
Eva ist	genauso alt wie	Carmela.

b)

Griechenland ist	kleiner als	Italien.
Die Türkei ist viel	größer als	die Bundesrepublik.
Aber die Bundesrepublik hat	mehr Einwohner als	die Türkei.

c) Die Bundesrepublik hat 249.000 km^2.
Spanien hat 505.000 km^2.
Die Türkei hat 781.000 km^2.
} Die Türkei ist am größten .

Italien hat 57 Millionen Einwohner.
Jugoslawien hat 22 Millionen.
Die Türkei hat 45 Millionen.
} Italien hat die meisten Einwohner.
(am meisten)

3. Präteritum (Imperfekt)

a) "Regelmäßige Verben"

Infinitiv:	sagen	antworten	wollen	können	müssen
Singular 1. Person	ich sag t e	antwort et e	woll t e	konn t e	muß t e
2. Person	du sag t est Sie sag t en	antwort et est antwort et en	woll t est woll t en	konn t est konn t en	muß t est muß t en
3. Person	er sie sag t e es	antwort et e	woll t e	konn t e	muß t e
Plural 1. Person	wir sag t en	antwort et en	woll t en	konn t en	muß t en
2. Person	ihr sag t et	antwort et et	woll t et	konn t et	muß t et
3. Person	sie sag t en	antwort et en	woll t en	konn t en	muß t en

Genauso:

frag t e	arbeit et e
zeig t e	zeichn et e
macht e	wart et e

b) "Unregelmäßige Verben"

Infinitiv:	gehen	laufen	schreiben	fliegen	nehmen	fahren
Singular 1. Person	ich g i ng	l ie f	schr ie b	fl o g	n ah m	f uh r
2. Person	du g i ng st Sie g i ng en	l ie f st l ie f en	schr ie b st schr ie b en	fl o g st fl o g en	n ah m st n ah m en	f uh r st f uh r en
3. Person	er sie g i ng es	l ie f	schr ie b	fl o g	n ah m	f uh r
Plural 1. Person	wir g i ng en	l ie f en	schr ie b en	fl o g en	n ah m en	f uh r en
2. Person	ihr g i ng t	l ie f t	schr ie b t	fl o g t	n ah m t	f uh r en
3. Person	sie g i ng en	l ie f en	schr ie b en	fl o g en	n ah m en	f uh r en
Genauso:			bleiben scheinen		sehen	

4. Die Vergangenheit: Perfekt oder Präteritum?

Vorhin habe ich Monika getroffen. Die hat mir gesagt....
Hat sie das wirklich gesagt?

PERFEKT

Antek Pistole **lebte** in einem kleinen Dorf und **machte** Besen. Er **arbeitete** Tag für Tag .....

PRÄTERITUM

Ü1 Antworten Sie

Beispiel: Magst du auch so gern Hunde? – **Nein, ich mag lieber Katzen.**

Aufgabe: Trinkst du auch so gern Kaffee? (Tee) – Hörst du auch so gern Jazz? (Volksmusik) – Fährst du auch so gern Auto? (spazierengehen) – Ißt du auch so gern Fleisch? (Gemüse) – Gehst du auch so gern ins Kino? (zu Hause)

Ü2 Ergänzen Sie

Beispiel: Autos sind laut, Motorräder sind **lauter, am lautesten** sind Flugzeuge.

Aufgabe: Ich bin stark, Paul ist . . . . ., ... ist Muhammad Ali. – Nach Rom ist es weit, nach Barcelona ist es . . . . ., ... ist es nach Lissabon. – Wein trinke ich gern, Bier trinke ich . . . . ., ... trinke ich Milch. – Türkisch ist schwer, Serbokroatisch ist . . . . ., ... ist Deutsch. – Italien ist groß, Spanien ist . . . . ., ... ist die Türkei.

Ü3 Antworten Sie

Beispiel: Du hast aber viel Zeit! – **Nicht mehr als du.**

Aufgabe: Du hast aber viel Geld! – Du redest aber viel! – Du bist aber faul/fleißig! – Du trinkst aber viel! – Du bist aber klug! – Du bist aber schick! – Du bist aber hübsch! – Du fährst aber langsam!

Ü4 Ergänzen Sie

Beispiel: Mainz–Köln–Hamburg (groß) a) Mainz ist ziemlich **groß.** Köln ist **größer**. Hamburg ist **am größten.** – b) Mainz ist **nicht so groß wie** Köln, aber Hamburg ist **größer als** Köln. – c) Köln ist **kleiner als** Hamburg. Mainz ist **kleiner als** Köln. Mainz ist **am kleinsten.**

Aufgabe: Berlin–Belgrad–Athen (groß). – VW-Ford-Mercedes (teuer). – Auto–Zug–Flugzeug (schnell). – Paul-Orhan-Muhammad Ali (stark). – Portugal–Griechenland–Zypern (warm).

Ü5 Ergänzen Sie im Präteritum

In einem kleinen Dorf . . . . . vor 70 Jahren Antek Pistole. Antek . . . . . ein guter, ehrlicher Mensch. Er . . . . . gut mit allen Menschen zusammen und . . . . . nie einen Streit. Antek . . . . . stark wie ein Bär. Er . . . . . Tag und Nacht und . . . . . Besen, sehr gute Besen, die nie . . . . . Jeden Tag . . . . . er 5 Besen. Eines Tages . . . . . jeder im Dorf einen Besen.

hatte
verkaufte
lebte
war
machte
arbeitete
kaputtgingen

Ü6 Berichten Sie schriftlich

Die Welt gestern, 12. März, 12 Uhr (GMT) — **Werte vom 11. März**

Ort	Wetter	Wind km/Std.	Temp. in °C	rel. Luftfeucht. in %	Luftdr. Meer.h. in mbar	Temperatur max.	Temperatur min.	Sonne in Std.	Niedersch.mm in 24 Std.
Berlin	f. bed.	SW 16	7	61	1009	6	4	0,4	2
Essen	Regen	S 27	6	75	1002	6	3	4,0	2
Frankfurt	f. bed.	S 20	6	76	1011	8	3	6,0	0,3
Hamburg	Regen	SSW 29	6	87	1004	6	4	2,8	4
München	bedeckt	SSW 11	7	41	1015	9	2	4,8	3
Nürnberg	bedeckt	SSO 20	6	65	1013	5	5	3,1	5
Stuttgart	bedeckt	S 13	5	61	1012	6	3	5,1	5
Wendelstein	f. bed.	S 29	−7	78		−3	−4	0	6
Zugspitze	f. bed.	W 22	−12	69		−12	−12	0	44

Ort	Temp.	Ort	Temp.	Ort	Temp.	Ort	Temp.
Athen	13	Madrid	15	Stockholm	2	Hongkonk**	21
Barcelona	15	Moskau	−4	Tel Aviv	16	Peking**	16
Bozen	12	Neapel	13	Tunis	17	Tokio**	14
Dubrovnik	10	Nizza	15	Wien	7	Rio de Janeiro*	26
Innsbruck	5	Palma	16	Zürich	6	New York*	6
Istanbul	—	Paris	8	Delhi**	23	Washington*	10
Kanar. Inseln	20	Rom	15				
London	6	Salzburg	7				

* 12 Uhr GMT (morgens nach Ortszeit)
** 12 Uhr GMT (abends nach Ortszeit)

Beispiel:
In Hamburg **war** das Wetter gestern schlecht. Es **regnete.** Es **war** kalt: 6 Grad. Die Sonne **schien** nur drei Stunden.

Aufgabe:
Wie war das Wetter in Berlin, Barcelona, Istanbul . . . . .?

1

„Ich bin der einzige Deutsche hier“

Reporter:

Herr Arens, wie würden Sie die Beziehungen zwischen den Türken und den hier noch verbliebenen Kreuzbergern charakterisieren?

Arens:

Ich würde sagen, das schlägt in Haß über. Es ist kein Verständnis mehr zwischen den Leuten. Das ist einfach, weil zu viele Türken da sind, und daß sie einfach ihr Leben hier weitermachen. Wenn Sie hier eben mal um die Ecke kucken, werden Sie sehen, daß man die Schafswolle in der Badewanne in der Wohnung trocknet. Und wenn da eine deutsche Familie drüber wohnt und diesen Gestank nun ständig hat, dann kann man sich einfach vorstellen, daß der Haß entsteht. Genau wie im Moment, da ist Ramadan, und die dürfen erst nach Sonnenuntergang kochen, wo sich ’ne deutsche Familie schlafen legt. Dann beginnt bei den Türken das Leben, und das sind wir irgendwo nicht gewohnt. Und wenn man das ein paarmal hintereinander mitgemacht hat, dann ist kein Verständnis mehr da.

Kamp
den
Mietwe
PIZZE

3

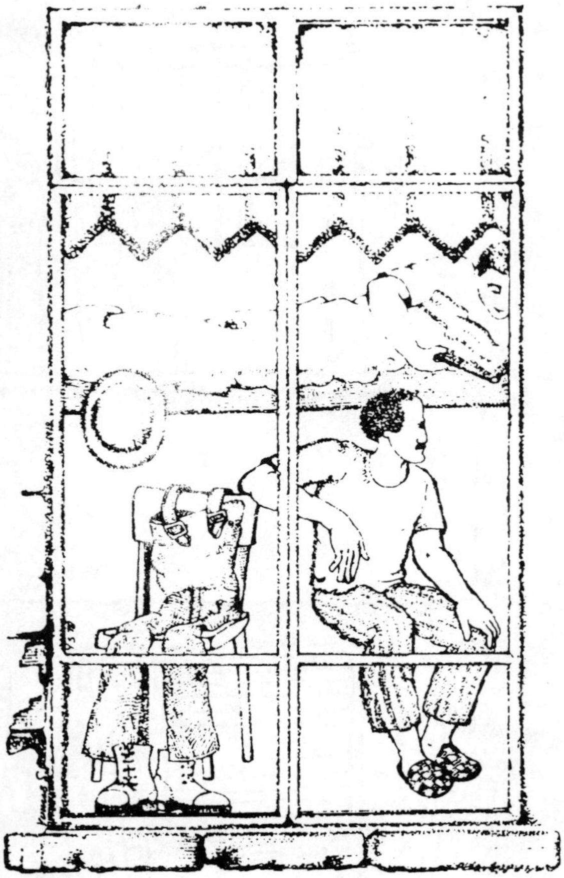

Zeichnung: Yunus Saltuk

Ümit

Die Deutschen

Vor langer Zeit waren wir
Die Ausländer
Hier willkommen
Weil hier viel Arbeit war
Aber zu wenig Arbeiter
Aber jetzt sind hier
Viel tausend arbeitslos
Und freie Arbeitsplätze gibt es wenig

Jetzt wollen uns die Deutschen wegjagen
Damit ihre Landsleute arbeiten können
Dann
Wenn wir Ausländer
Ihre ganze Drecksarbeit
Erledigt haben

Semra Ertan
wofür lebe ich

wofür lebe ich denn eigentlich?
das frage ich mich jeden tag.
ich lebe: wofür und für wen?
ich habe keinen geliebten, keine zukunft,
keine arbeitsstelle und keinen morgen.
wofür lebe ich denn eigentlich?
nur für nichts?

Warum kann sie kein Deutsch?

Maria Barbieri lebt mit ihrer Familie seit sieben Jahren in der Bundesrepublik. Sie wohnen im Westend von München.
Weil ihre Kinder jetzt schon größer sind, sucht sie einen Arbeitsplatz. Sie findet schließlich eine Stelle in einer großen Firma. Da arbeiten viele italienische Frauen, auch griechische und türkische.

Der Anfang ist schwierig. Maria merkt, daß sie nicht 1
genug Deutsch kann. Sie hat bis jetzt nur selten Deutsch gebraucht. In ihrem Haus wohnen keine Deutschen, im Nachbarhaus auch nicht. Sie ist immer mit ihrer Familie und italienischen Freunden zusammen. In Kaufhäuser geht sie mit ihren Kindern. Die sprechen gut Deutsch und dolmetschen für die Mutter.

○ Aber warum kann sie kein Deutsch?

● Sie sagt, daß sie immer zu Hause war. Sie hat eine große Familie. Die Nachbarn sind Landsleute. Die sprechen immer italienisch miteinander.

○ Aber sagen Sie ihr, daß sie jetzt etwas Deutsch lernen muß. Sonst versteht sie ja nichts!

● Aber wo kann sie Deutsch lernen?

○ Vielleicht in der Volkshochschule.

● Die Kurse sind abends. Sie sagt, daß sie abends keine Zeit hat. Da muß sie kochen, waschen, saubermachen. – Wir brauchen einen Sprachkurs in der Arbeitszeit. Viele können nicht genug Deutsch!

○ In der Arbeitszeit? Unmöglich!

● Warum unmöglich? Das ist doch gut für die Arbeit!

2 Ich Heiße Antonia lerne Deutsch weil ich es lernen muß und weil es mir gefällt. Ich rede mit meiner Vater auf Deutsch. Und mit meine Mutter auf Italienisch.

Ich heiße Sahin ciboglu und bin 14 Jahre alt und komme aus der Türkei in der Stadt Erzincan. Mein eltern sind auch hier in Deutschland und habe vier geschwister und der erste bin ich.

Ich heiße Kazim. Mein Vater arbeitet in der BMW. Ich kann zwar Deutsch, ich möchte aber gerne noch mehr lernen, weil meine Noten nicht so gut sind.

Glauben Sie, daß wir freiwillig nach Deutschland gekommen sind?
Wir sind gekommen, weil unsere Eltern uns geholt haben. Und unsere Eltern sind gekommen, weil die deutsche Wirtschaft sie gebraucht hat.
Wir können jetzt nicht mehr zurück, weil wir und unsere Eltern zu Hause keine Arbeit finden.

Ü

Er ist Sozialberater. Er weiß, daß die meisten ausländischen Familien in Deutschland bleiben. Er meint, daß die ausländischen Kinder zusammen mit deutschen Kindern in die Schule gehen müssen, daß sie gut Deutsch lernen müssen, weil sie sonst keine Chance in der Berufsschule und in der Lehre haben. Er fürchtet, daß die meisten keinen Lehrberuf finden und Hilfsarbeiter werden wie ihre Eltern. „Deutsche Firmen wollen Lehrlinge mit einem deutschen Hauptschulabschluß!"

Er hat den Hauptschulabschluß gemacht, beginnt jetzt eine Lehre. Er war zuerst in einer Vorbereitungsklasse und mußte sehr viel arbeiten, dann ist er in eine deutsche Klasse gekommen. „Da war alles ganz anders: Mathematik, Geschichte und der ganze Unterricht!" Er spricht fließend Deutsch und hat deutsche Schulfreunde. Er will hierbleiben, seine Eltern nicht.

Er hat 3 Kinder. Er meint, daß die deutsche Schule zu frei ist, nicht streng genug. Viele Schüler rauchen, die Mädchen gehen tanzen und schminken sich. „Unser Leben und unsere Religion sind ganz anders!" Er will in Deutschland bleiben. Aber er will nicht, daß seine Kinder in die deutsche Schule gehen. „Unsere Schule ist besser für unsere Kinder!"

Ihre Tochter war zuerst in einer deutschen Klasse. sie verstand nichts, war allein und traurig. Jetzt ist sie in einer italienischen Klasse, versteht alles und lernt gut. Sie (die Mutter) spricht oft mit der italienischen Lehrerin. Sie glaubt, daß ihre Tochter später mal nach Italien zurückgeht. Sie sprechen immer italienisch zu Hause. Ihr Mann kann nur wenig Deutsch. „Darum muß unsere Tochter Italienisch lernen!"

Hier ist Ihr Platz. Was meinen Sie ?

Sie ist eine ausländische Schülerin in einer zweisprachigen Klasse. Sie geht gerne in die Schule. Sie hofft, daß sie den qualifizierenden Hauptschulabschluß machen kann. Dann will sie Schneiderin werden. Sie glaubt, daß ihre Eltern wieder in die Heimat zurückgehen. Sie selbst möchte hierbleiben. Sie hofft, daß sie bald deutsche Freunde findet. Sie weiß, daß sie nicht genug Deutsch kann.

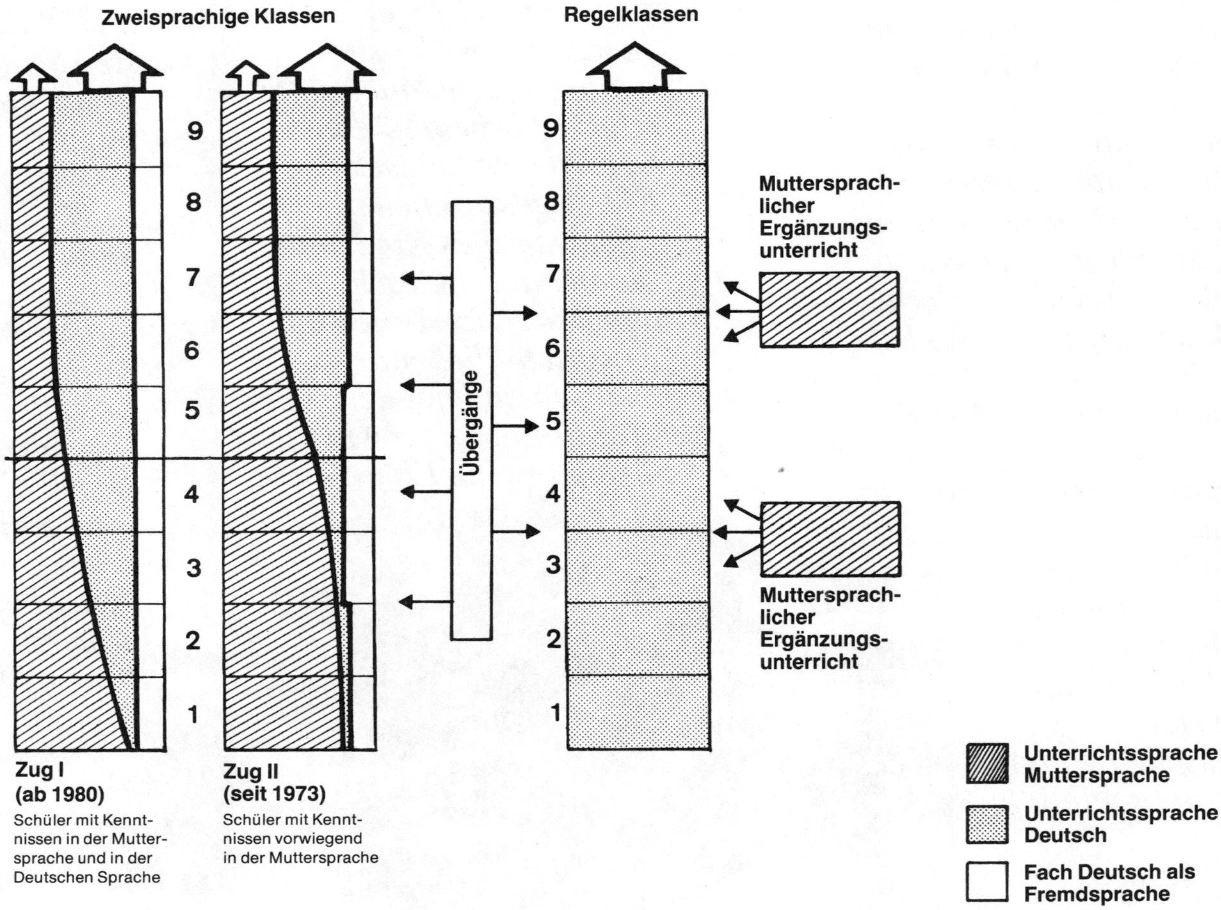
Zweisprachige Klassen
Regelklassen
9
8
7
6
5
4
3
2
1
Übergänge
Muttersprachlicher Ergänzungsunterricht
Muttersprachlicher Ergänzungsunterricht
Zug I
(ab 1980)
Schüler mit Kenntnissen in der Muttersprache und in der Deutschen Sprache
Zug II
(seit 1973)
Schüler mit Kenntnissen vorwiegend in der Muttersprache
Unterrichtssprache Muttersprache
Unterrichtssprache Deutsch
Fach Deutsch als Fremdsprache

An vielen Grund- und Hauptschulen in der Bundesrepublik gibt es "zweisprachige", "bilinguale" Klassen, "nationale" Klassen. In diesen Klassen sind nur türkische, italienische, griechische oder jugoslawische Schüler. Sie lernen ihre Muttersprache und dazu Deutsch. Sie lernen Mathematik und andere Fächer zuerst in ihrer Muttersprache, später auch auf deutsch. Sie haben einheimische und deutsche Lehrer.

Dieses Schulmodell ("zweisprachige Klassen") hat Befürworter und Gegner.

Die Befürworter glauben, daß viele ausländische Familien wieder in ihre Heimat zurückgehen und daß ihre Kinder die Muttersprache nicht verlernen dürfen. Sie befürchten, daß die ausländischen Kinder in der deutschen Schule den Kontakt zur Heimat verlieren. Sie behaupten, daß die meisten ausländischen Eltern die Nationalklassen besser finden.

Die Gegner sagen, daß die ausländischen Kinder in den Nationalklassen viel zu wenig Deutsch lernen. Sie befürchten, daß sie isoliert bleiben, weil sie keinen Kontakt mit deutschen Schulkindern haben. Sie meinen, daß die ausländischen Kinder möglichst bald in die deutschen Regelklassen müssen, weil sie sonst keine Berufschancen in Deutschland haben.

1. "daß"-Sätze

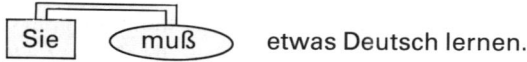

Maria weiß:	Sie	kann	nicht genug Deutsch.
Sie sagt:	Sie	war	immer zu Hause.
Sie sagt:	Sie	hat	abends keine Zeit.
Die Vorarbeiterin sagt:	Sie	muß	etwas Deutsch lernen.

Maria weiß,	**daß**	sie	nicht genug Deutsch	kann .
	daß		....	.

2. "weil"-Sätze

WARUM?

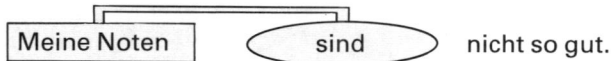

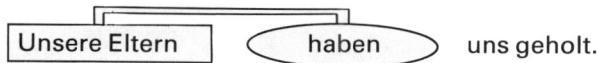

Ich lerne Deutsch.	Es	gefällt	mir.
Ich möchte mehr lernen.	Meine Noten	sind	nicht so gut.
Wir sind gekommen.	Unsere Eltern	haben	uns geholt.

Ich lerne Deutsch,	**weil**	es	mir	gefällt .
	weil			.

3. Verben und "daß"-Sätze

Sie **sagen,**	viele Ausländer in ihre Heimat	zurückgehen.
meinen,	die ausländischen Kinder isoliert	bleiben.
denken,	die ausländischen Kinder ihre Sprache	verlernen.
glauben,	die ausländischen Kinder ihre Heimat	vergessen.
behaupten,	die Eltern die Nationalklassen besser	finden.
(be)fürchten,	die ausländischen Kinder keinen Kontakt mit deutschen Kindern	haben.
wollen (nicht),	die ausländischen Kinder in deutsche Klassen	gehen.
möchten (nicht),	ihre Kinder die Muttersprache	(ver)lernen.

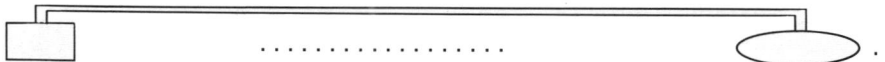

Ü1 Ergänzen Sie

Warum bist du Hilfsarbeiter? **Weil** ich keine Berufsausbildung **habe.** – Warum hast du keine Berufsausbildung? . . . . . mein Vater sagt, ... das nicht nötig . . . . . – Warum sagt dein Vater das? . . . . . er selbst auch keine Ausbildung . . . . . – Und warum hat dein Vater keine Ausbildung? . . . . . mein Großvater . . . . .

Ü2 Machen Sie Sätze

Antonia lernt Deutsch,	weil die Eltern sie geholt haben.
Kazim möchte noch mehr lernen,	weil die deutsche Wirtschaft sie geholt hat.
Die ausländischen Jugendlichen sind gekommen,	weil es zu Hause keine Arbeit gibt.
Die ausländischen Arbeiter sind gekommen,	weil sie es lernen muß und weil es ihr gefällt.
Die meisten ausländischen Arbeiter können nicht zurück,	weil seine Noten nicht so gut sind.

Ü3 Machen Sie Sätze

Maria sucht einen Arbeitsplatz,	weil sie nie mit Deutschen zusammen war.
Sie merkt,	weil sie immer zu Hause war.
Maria spricht wenig Deutsch,	daß sie abends wenig Zeit hat.
Sie sagt,	weil ihre Kinder jetzt schon größer sind.
Maria braucht einen Deutschkurs,	weil sie kochen und waschen muß.
Der Deutschkurs muß in der Arbeitszeit sein,	daß sie nicht genug Deutsch kann.
Maria hat abends keine Zeit,	weil sie abends ihre Familie versorgen muß.
	weil sie bei der Arbeit nichts versteht.

Ü4 Verbinden Sie die Sätze

Beispiel: Viele Deutsche sagen: Ausländer sind zu laut. – Viele Deutsche sagen, **daß** Ausländer zu laut **sind.**

Aufgabe: Die Vorarbeiterin sagt: Maria muß Deutsch lernen. – Die Kolleginnen finden: Der Deutschkurs muß in der Arbeitszeit sein. – Viele ausländische Eltern denken: Die deutschen Schüler sind zu frei. – Sie denken: Die Kinder vergessen ihre Heimat. – Viele Deutsche behaupten: Ausländer nehmen Deutschen die Arbeit weg. – Viele Politiker sagen: Die Ausländer kehren wieder in ihre Heimat zurück. – Viele ausländischen Arbeitnehmer wissen: Sie können nicht in ihre Heimat zurück.

Ü5 Sagen Sie Ihre Meinung

Beispiel: Ausländische Kinder sollen in deutsche Klassen gehen!
a) Ich finde,/Ich bin der Meinung./Ich glaube./Ich denke, daß ausländische Kinder in deutsche Klassen gehen sollen.
b) Ich finde nicht./Ich bin nicht der Meinung./Ich glaube nicht./Ich denke nicht, daß ausländische Kinder in deutsche Klassen gehen sollen.

Aufgabe: Die meisten ausländischen Kinder gehen wieder in ihre Heimat zurück. – Die Kinder verlernen ihre Muttersprache. – Ausländische Jugendliche sollten eine Berufsausbildung machen. – Nationalklassen sind besser für ausländische Jugendliche. – Die deutschen Schulen sind zu frei. – In Nationalklassen lernen ausländische Kinder viel zu wenig Deutsch. – Ohne gute Deutschkenntnisse haben ausländische Kinder wenig Berufsschancen in Deutschland. Ausländische Arbeiter und Arbeiterinnen sollen das kommunale Wahlrecht haben.

Kadri Kayaalp, 20 Jahre, Arbeiter

Ein Tag bei „Ford“

Am 1. 2. 1958 wurde ich in Soma/Türkei geboren und habe dort bis zur 6. Klasse die Volksschule besucht. Danach, am 3. 11. 1973, bin ich in die Bundesrepublik eingereist. Hier habe ich eine Schule besucht, aber das war nur 9 Monate lang. Dadurch habe ich von der Berufsberatung eine Lehrstelle als Installateur bekommen. Ich sollte 3½ Jahre die Lehre machen. Das war für mich auf der einen Seite ganz gut, hab mir aber gedacht: Ich bin jetzt 18 Jahre alt, bis daß ich die Lehre rum hab, bin ich fast 22 Jahre. Woher soll ich wissen, ob ich mit 22 Jahren noch in der Bundesrepublik bleiben darf. Dann bin ich auf die Idee gekommen, die Lehre aufzuhören.

Jetzt arbeite ich bei den Ford-Werken am Fließband. Und das ist so: Wenn ich Frühschicht habe, muß ich natürlich früh aufstehen. Vielleicht wollen Sie das auch wissen. Ich stehe morgens um 5 Uhr auf, bis daß ich mich angezogen hab und gefrühstückt, ist es ungefähr 5.40 Uhr, dann verlasse ich das Haus und fahre zur Arbeit. Nach 15 Minuten Fahrzeit komme ich um 5.55 Uhr an, muß mich umziehen und an den Arbeitsplatz gehen. Ich muß etwas früher da sein, damit ich mich auf die Arbeit vorbereiten kann.

Liebe Freunde, vielleicht wollen Sie auch wissen, was ich mache: Ich baue die Pedalen ein, beim Ford Granada. Um 6.45 Uhr fängt die Arbeit an – das geht dann bis um 8.30 Uhr, da haben wir 10 Minuten Frühstückspause. Um 10 Uhr haben wir dann die zweite Pause und dann geht es durch bis um 12 Uhr. Bis 12.30 Uhr haben wir Mittagspause – aber das ist eine unbezahlte Pause. Bis 14 Uhr geht es dann weiter, dann 15 Minuten Pause, dann geht es bis um 15 Uhr: Feierabend. Und die Spätschicht? Da fängt es um 15.15 Uhr an, ich muß aber um 14 Uhr von zu Hause weg, um mich umzuziehen und auf die Arbeit vorbereiten zu können. Im ähnlichen Rhythmus wie bei der Frühschicht geht es dann schließlich bis um 23.30 Uhr, dann habe ich Feierabend. Bis daß ich zu Hause bin, ist es 0.10 Uhr, dann esse ich noch etwas. Danach gehe ich ins Bett und träume. Gute Nacht!

Liebe Freunde, ich rate Euch, einen gelernten Beruf zu haben, sonst ist es genau wie bei mir. Es ist nicht so leicht, am Fließband zu stehen, wie vielleicht manch einer denkt.

2

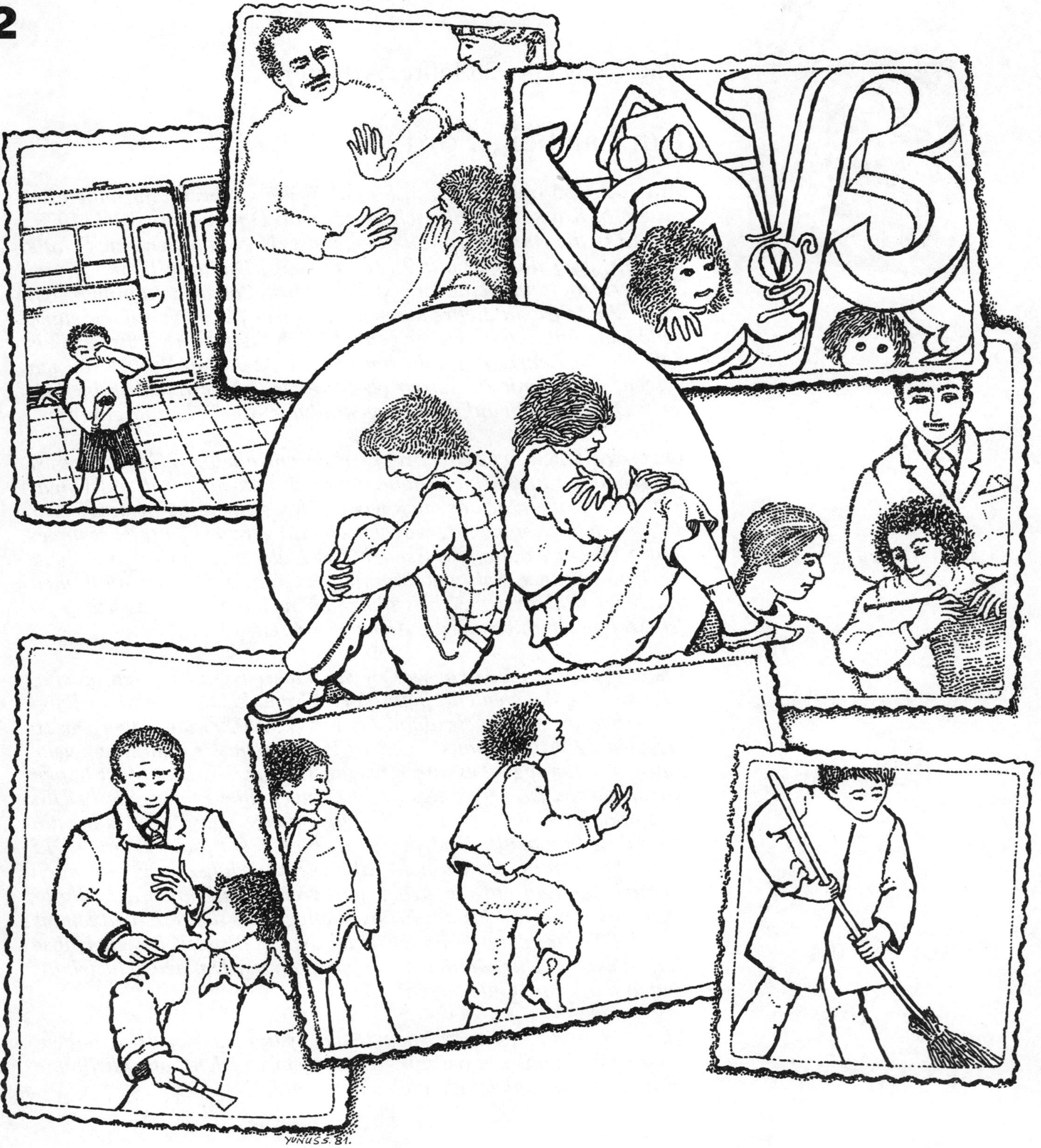
YUNUS S. 81.

Zeichnung: Yunus Saltuk

Alphabetisches Wortschatzregister

Die **Zahlen-/Buchstabengruppen** nach den Stichwörtern geben an, in welchem **Kapitelabschnitt** das Stichwort zum erstenmal in einer bestimmten Bedeutung auftritt.
Beispiel: **liegen** 7C1a, 11E3 = 1. Bedeutung: Kapitel 7, Teil C, Abschnitt 1a
2. Bedeutung: Kapitel 11, Teil E, Abschnitt 3

Substantive werden mit bestimmtem **Artikel** (der, die, das) und Pluralform angeführt. Steht der Artikel in Klammern, so wird das betreffende Substantiv in der Regel ohne Artikel gebraucht.

Die **Pluralbildung** der Substantive wird wie folgt gekennzeichnet:

	Pluralform		*Pluralform*
der **Kuchen,** -	= die Kuchen	das **Café,** -s	= die Cafés
der **Freund,** -e	= die Freunde	der **Fuß,** ¨e	= die Füße
die **Freundin,** -nen	= die Freundinnen	das **Buch,** ¨er	= die Bücher
das **Kind,** -er	= die Kinder	*usw.*	

Fehlt die Pluralangabe, so ist die Pluralform nicht üblich oder in dem betreffenden Textzusammenhang nicht möglich. Die Angabe *pl.* bedeutet, daß das Stichwort in der allein üblichen Pluralform aufgeführt ist, zum Beispiel: die **Devisen** *pl.*

A

B

buchstabieren 1A4a
das **Bügeleisen,** - 2A1
bumm! 1BÜ7
bunt 1E
die **Bürgerberatung** 9A1
der **Bus,** -se 2A1
die **Butter** 2A7

C

das **Café,** -s 7BÜ11
campen 7BÜ10
die **Caritas** 9A1
die **Chance,** -n 12BÜ
charakterisieren 11E
der **Chef,** -s 5A5
der **Chefarzt,** ¨e 4C1
der **Christ,** -en 11C2
circa 6A5
Coca-Cola 1A3
die **Cola-Dose,** -n 2A1
CDN (= Kanada) 1BÜ6

D

D (= die Bundesrepublik Deutschland) 1BÜ6
da 2A7
das **Dach,** ¨er 11C3
die **Dame,** -n 6DÜ1
damit 5C1
danke 1A3
danken 5D3a
dann 1C, 5C1
der **Darm,** ¨e 3A1
darum 3A5
das 1A1, 2A7
dauern 5A3
da sein 1C, 10C
DDR (= die Deutsche Demokratische Republik) 1BÜ6
die **Demonstration,** -en 4BÜ1
denken 6C
das **Denkmal,** ¨er 8BÜ3
denn 3A3
der 1A1, 3A3
deutsch 1A3
die **Devisen** *pl.* 11E3
die **Diagnose,** -n 3A2
der **Diaprojektor,** -en 9BÜ4
die 1D2
der **Dienstag,** -e 4A1
die **Dienststelle,** -n 3A2
dir 3BÜ7
direkt 7A2
dirigieren 9C3
die **Disco,** -s 9E2
diskutieren 11C2
DM (= Deutsche Mark) 2A4
doch 3A3
dolmetschen 12A1
der **Donnerstag,** -e 5BÜ4
das **Doppelbett,** -en 6DÜ1
das **Dorf,** ¨er 5C1
dort 2A6
die **Dose,** -n 2A1
draußen 9C1
die **Drecksarbeit,** -en 11E3
sich **drehen** 5C1
die **Dreizimmerwohnung,** -en 2E
drinnen 9C1
drüber 11E1
du 1A1
dunkel 7C2
dunkelblau 6A4
durch 2C
dürfen 7A1
der **Durst** 2A4

E

E (= Spanien) 1A2
eben 11E
echt 11C2
die **Ecke,** -n 8A1, 11E
egal 3A5
das **Ehepaar,** -e 6C
ehrlich 11C1
das **Ei-,** -er 2A7
eigentlich 11C4
der **Eimer,** - 2A1
ein 1A3
einbauen 12E1
der **Einbrecher,** - 4DÜ8
die **Einfahrt,** -en 7A3
der **Eingang,** ¨e 9A1
der **Einheimische,** -n 11C3
einkaufen 4C3
einladen 4BÜ1
die **Einladung,** -en 7C1
einmal 1A4a
einreisen 12E1
einschalten 4C1
einschlafen 5C1
einsteigen 7A1
einstellen 4C1
einverstanden 7E3
einwerfen 7A4
der **Einwohner,** - 11A1
das **Einwohnermeldeamt,** ¨er 9A2
das **Einzelzimmer,** - 4E3
die **Eiskrem** (Eiscreme) 4C3
einziehen 10C
elegant 6DÜ1
elektrisch 6C
das **Elektrogeschäft,** -e 6C
die **Eltern** *pl.* 8E4
das **Ende** 8A2
die **Endung,** -en 1D
eng 6A1
der **Enkel,** - 9E2
die **Ente,** -n 3DÜ2
entlang 8A1
entlaufen 6DÜ1
entschuldigen 4DÜ8
Entschuldigung! 2A6
entstehen 11E1
die **Entzündung,** -en 3A4
er 1A1
erben 11C2
ergänzen 3DÜ10
erkennen 11C2
erledigen 11E3
erst 3A4
erster Klasse 7A2
erstmal 10C
erzählen 5C1
die **Erziehung** 9A1
die **Erziehungsberatungsstelle,** -n 9A1
es 1A3
es geht 6A3
essen 2A4
das **Eßzimmer,** - 7BÜ12
etwa 2E
etwas 3A4
euch 5A1
Europa 2C

F

die **Fabrik,** -en 5DÜ6
der **Fahrausweis,** -e 7A3
fahren 4A1
der **Fahrer,** - 10C
der **Fahrkartenschalter,** - 9DÜ3
das **Fahrrad,** ¨er 2A1
die **Fahrt,** -en 2C
die **Fahrtkosten** *pl.* 2E
falsch 1BÜ9
die **Familie,** -n 3C
der **Familiennachzug** 8C1
die **Familienzusammenführung,** -en 8E1
die **Farbe,** -n 1A4a
faul 11DÜ3
der **Februar** 5A5
fehlen 3A4
der **Fehler,** - 7E3
fehlerhaft 7E3
der **Feierabend,** -e 12E1
feiern 7C1
fein 6C
das **Fell,** -e 5C1
das **Fenster,** - 3BÜ4
das **Fensterbrett,** -er 9DÜ2
fernsehen 8BÜ4
der **Fernseher,** - 2A1
fertig 4A6
fest 11C4
das **Feuer,** - 9A4
Feuer geben 9A4
die **Feuerwehr,** -en 9D5
das **Fieber** 3A4
die **Figur,** -en 9A5
finden 6A1
der **Finger,** - 3A1
die **Firma,** Firmen 9C3
der **Fisch,** -e 2A7
die **Fläche,** -n 9A5
die **Flasche,** -n 2A4
das **Fleisch** 6C
fleißig 11DÜ3
das **Fließband,** ¨er 12E1
fließend 12BÜ
das **Flugzeug,** -e 10DÜ1
der **Flur,** -e 7BÜ12
das **Formular,** -e 10A2
der **Fotoapparat,** -e 9A3
fotografieren 9D5
die **Frage,** -n 3D8
fragen 3D1
Frankreich 1C
französisch 6DÜ1
die **Frau,** -en 1BÜ3
der **Frauenbuchladen,** ¨ 9E1
das **Frauencafé,** -s 9E2
die **Frauenhilfe** 9E1
das **Frauentherapiezentrum,** -zentren 9E1
das **Fräulein,** - 1BÜ3
frei 4BÜ1
freihalten 9D5
freimachen 7BÜ2
der **Freitag,** -e 5A5
freiwillig 12A2
die **Freizeit** 9E2
der **Freund,** -e 3BÜ7
die **Freundin,** -nen 5C1
freundlich 11A1
frisch 11BÜ3
der **Friseur,** -e 10DÜ3
früh 5A5
früher 5A4
die **Frühschicht,** -en 12E1
das **Frühstück** 10C
der **Fuchs,** ¨e 5C1
der **Führerschein,** -e 8DÜ5
der **Füller,** - 2A1
für 2E
das **Fundamt,** ¨er 10A2
funktionieren 3A4
der **Fuß,** ¨e 3A1, (zu Fuß) 7A1
der **Fußball,** ¨e 2A1
die **Fußballmannschaft,** -en 5BÜ6
das **Fußballspiel,** -e 9DÜ5
das **Fußballspielen** 9D5
das **Fußballtoto** 11BÜ5
der **Fußballtrainer,** - 8E3
der **Fußboden,** ¨ 3BÜ4
der **Fußknochen,** - 3A1
die **Fußknochenfraktur,** -en 3A2

G

die **Gabel,** -n 3DÜ7
die **Gallenblase,** -n 3A1
der **Gang,** ¨e 8A1
ganz 1A3
gar nicht (ganz und gar nicht) 6A1
die **Garage,** -n 6A5
die **Garantie,** -n 6C
der **Garantieschein,** -e 7E3
die **Garantiezeit,** -en 7E3
der **Gast,** ¨e 10E
gastfreundlich 11C3
GB (= Großbritannien) 1BÜ6
geben 9BÜ8
der **Gebrauchtwagen,** - 11A1
die **Gebühr,** -en 10A2
der **Geburtsort,** -e 1A4a
der **Geburtstag,** -e 1A4a
gefährlich 2C
gefallen 5A4
gefroren 6C
die **Gegend,** -en 11C3
gegenüber 5A4
gegenüberliegend 9A5
der **Gegner,** - 12C
gehen 1A3, 7E3
das **Gehirn,** -e 3A2
die **Gehirnerschütterung,** -en 3A2
gehören 5A1
gelb 6BÜ2
das **Geld,** -er 3D6
der **Geliebte,** -n 11E3
gemeinsam 9E2
das **Gemüse,** - 2A7
genauso 2D4
das **Generalkonsulat,** -e 9A1
genug 8A2
das **Gepäck** 6A4
der **Gepäckträger,** - 7BÜ2
geradeaus 9A2
das **Gericht,** -e 11C2
gern(e) 2A3
das **Geschäft,** -e 5A4
die **Geschichte,** -en 11C1
geschieden 8E3
die **Geschwister** *pl.* 12A2
der **Gestank** 11E1
gestern 3A3
die **Gesundheit** 2E
das **Gesundheitsamt,** ¨er 9A1
das **Gewicht,** -e 3A3
das **Gewichtheben** 3A3
der **Gewichtheber,** - 3A3
gewinnen 11BÜ5
gewöhnlich 6C
die **Gitarre,** -n 2A1
das **Glas,** ¨er 2A3
glauben 3BÜ7
gleich 4A3
das **Gleis,** -e 4A3
das **Glück** 5C1
das **Goethe-Institut,** -e 7BÜ11
gr. (= Gramm) 2A7
GR (= Griechenland) 1A2
gratulieren 5D3a
grau 6BÜ2
griechisch 1A3
die **Größe,** -n 1A4a

groß 1A4a
die **Großeltern** *pl.* 5C1
die **Großmutter**, ¨er 8A2
grün 1A4a, 6BÜ2
die **Grundschule**, -n 12C
der **Gruß**, ¨e 5A4
grüßen 4E3
die **Gulaschsuppe**, -n 2A4
gut 1A1
guten Abend! 2BÜ4
guten Tag! 1A1
guterhalten 6BÜ7

H

hacken 9BÜ8
das **Hackfleisch** 2A7
der **Haken**, - 9D1
halb 2A5
die **Hälfte**, -n 5C1
hallo! 1A3
der **Hals**, ¨e 3A1
die **Halsschmerzen** *pl.* 3C
die **Haltestelle**, -n 9BÜ5
der **Hamburger**, - 2A4
das **Hammelfleisch** 6C
der **Hammer**, ¨ 5DÜ5, 9DÜ7
die **Hand**, ¨e 3A1
der **Haß** 11E
hat (haben) 1C
hauchdünn 6C
der **Hauptschalter**, - 4C1
der **Hauptschulabschluß**, -schlüsse 12BÜ
die Hauptstraße, -n 8DÜ3
Haus: zu Hause 4C1
die **Hausaufgabe**, -n 4A5
der **Hauseingang**, ¨e 8E4
die **Hausfrau**, -en 8E3
der **Hausrat** 2E
das **Haustier**, -e 8E3
die **Haustür**, -en 7C2
Hbf = der **Hauptbahnhof**, ¨e 4BÜ1
das **Heft**, -e 2A2
heil 4C1
die **Heimat** 5DÜ1
heimlich 11C2
heiraten 9A2
heiß 2D1
heißen 1A1
die **Heizung**, -en 2E
helfen 5A3
hell 6DÜ1
hellblau 6BÜ4
her 4A5
der **Herr**, -en 1BÜ3
herrlich 5C1
das **Herz**, -en 3A1
herzlich 5C1
heute 2A7
hier 2A7
hierbleiben 12BÜ
der **Hilfsarbeiter**, - 12BÜ
hinauswerfen 7BÜ2
hindurchfressen 11C3
hinstecken 10A1
hinten 1E
hintereinander 11E1
das **Hobby**, -s 8DÜ2
das **Hochhaus**, ¨er 11BÜ2
hoffentlich 6C
holen 4C1
hören 3C
der **Hörer**, - (Telefonhörer) 4A6
die **Hose**, -n 4A5
die **Hosentasche**, -n 9DÜ2
das **Hotel**, -s 9DÜ4
hübsch 5C1
das **Huhn**, ¨er 4C3
der **Hund**, -e 1E
der **Hunger** 2A4
der **Husten** 3A4
der **Hut**, ¨e 6BÜ3

I

I (= Italien) 1A2
ich 1A1
die **Idee**, -n 5A3
ihm 5A1
Ihnen 1A3
Ihr 1A1
ihr 5D1
Ihrer 1D8
immer 4C1
in 1A2
der **Infinitiv**, -e 1D3
inklusive 6A5
inhalieren 3A4
die **Initiative**, -n 4E2
die **Initiativgruppe**, -n 5DÜ6
der **Installateur**, -e 12E1
das **Interesse**, -n 11C4
irgendwo 11E1
isolieren 12C
ist (sein) 1A1
italienisch 1A3

J

ja 1A3
die **Jacke**, -n 6BÜ2
das **Jahr**, -e 3A3
-jährig 11E3
der **Jazz** 11DÜ1
jetzt 3A3
das **Jubiläumsfest**, -e 7C1
der **Jude**, -n 11C2
jung 3DÜ4
der **Juli** 5BÜ6
der **Juni** 5BÜ6

K

das **Kabel**, - 3BÜ4
der **Kaffee** 1BÜ7
das **Kamel**, -e 9C1
der **Kameltreiber**, - 9C1
die **Kamille** 4A4
das **Kännchen**, - 2A4
kaputt 2C
kaputtmachen 4A5
die **Karre**, -n 5A3
die **Karte**, -n 5A1, 7A3, 10DÜ4
Karten spielen 10DÜ4
die **Kartoffel**, -n 2A7
der **Karton**, -s 2C
der **Kasten**, ¨ 10C
das **Käsebrot**, -e 2A4
die **Katastrophe**, -n 3A3
die **Katze**, -n 8E3
der **Käufer**, - 7E3
kaufen 2A4
das **Kaufhaus**, ¨er 9C3
die **Kaution**, -en 6A5
der **Kebab**, -s 3BÜ2
kein, keine 1A4a
keinen 3A5
der **Kellner**, - 11C4
die **Kellnerhilfe**, -n 11C4
die **Kemnade** 4BÜ1
kennen 4E3
das **Kennzeichen**, - 1A4a
das **Kilo**, -(s) 2A7
der **Kilometer**, - 2C
das **Kind**, -er 2E
der **Kindergarten**, ¨ 11BÜ2
der **Kinderwagen**, - 6E
das **Kinderzimmer**, - 7BÜ12
das **Kino**, -s 2E
die **Kinokarte**, -n 5DÜ3
der **Kiosk**, -e 2A4
die **Kirche**, -n 7A5
das **Kissen**, - 4C1
die **Kiste**, -n 5A3
klagen 11C2
klar 11C4
die **Klasse**, -n 7A2
das **Kleid**, -er 6A3
die **Kleidung** 2E
klein 1E
das **Kleingeld** 7A4
das **Klo**, -s (Klosett) 1E
knapp 4E3
das **Knie**, - 3A1
der **Knoblauch** 9C1
der **Knoblauchfresser**, - 9C1
der **Knochen**, - 3A1
der **Knochenbruch**, ¨e 3A3
der **Knöchel**, - 3A1
kochen 4BÜ3
der **Kochtopf**, ¨e 2A1
der **Koffer**, - 2C
das **Kofferradio**, -s 2A1
der **Kognak** 2BÜ3
der **Kollege**, -n 5A4
komisch 6A3
kommen 1A2, 11C3
kommunal 4BÜ1
der **König**, -e 5C1
können 5BÜ6
das **Konsulat**, -e 5DÜ6
der **Kontakt**, -e 12C
das **Konzert**, -e 4BÜ2
der **Kopf**, ¨e 3A1
die **Kopfschmerzen** *pl.* 8DÜ1
der **Korb**, ¨e 3C
der **Körper**, - 2E
die **Körperpflege** 2E
kosten 2A4
die **Kosten** *pl.* 2E
kostenlos 7E3
das **Kotelett**, -s 2A7
der **Kotflügel**, - 2C
die **Kraft**, ¨e 11C2
krank 1C
der **Kranke**, -n 7BÜ2
das **Krankenhaus**, ¨er 2E
die **Krankenkasse**, -n 3A2
die **Krankenschwester**, -n 2E
die **Krawatte**, -n 6BÜ3
die **Kreide**, -n 2A2
der **Kreis**, -e 9A5
der **Kreislauf** 3A4
die **Kreuzung**, -en 9A1
Kroatien 3E
die **Küche**, -n 6A5
der **Kuchen**, - 3BÜ2
kucken (= gucken) 11A3
das **Küchenmesser**, - 6C
der **Küchentisch**, -e 9DÜ2
kühl 11C4
der **Kühlschrank**, ¨e 6DÜ1
der **Kuli**, -s 2BÜ1
der **Kunde**, -n 6C
der **Kurs**, -e 1C
kurz 6A1

L

lachen 7C1
lächerlich 6A1
das **Lager**, - 3A5
die **Lampe**, -n 2A2
das **Land**, ¨er 1C
die **Landkarte**, -n 2A2
die **Landsleute** *pl.* 11E3
lang 2C
lange 5C1
langsam 1A4a
langweilig 6A3
der **Lärm** 11BÜ2
lassen 9BÜ8
laufen 5C1
laut 4C1
der **Lautsprecher**, -7BÜ2
das **Leben** 1E
leben 4BÜ1
die **Lebensmittel** *pl.* 11C3
die **Leber**, -n 3A1
ledig 8E3
der **Lehrberuf**, -e 12BÜ
die **Lehre**, -n 12BÜ
der **Lehrer**, - 1C
leicht 6C
leid tun 5BÜ7
leider 1A3
leihen 6A1
leise 5A3
lernen 1DÜ2
lesen 5A3
die **Leute** *pl.* 8BÜ5
das **Lexikon**, Lexika 2DÜ1
das **Licht**, -er 4DÜ6
lieben 11C2
lieber 1A3
das **Lied**, -er 3D
liegen 7C1a, 11E3
das **Lineal**, -e 3D2
die **Linie**, -n 9A5
links 1E
die **Liste**, -n 1C
der **Lohn**, ¨e 11C4
das **Lokal**, -e 5DÜ3
los 4A6
losfahren 10C
das **Lotto** 11BÜ5
die **Lunge**, -n 3A1
lustig 7C1

M

machen 2A4, 4A3
das **Mädchen**, - 9E1
der **Magen**, ¨ 3A1
der **Mai** 5A4
mal 3A4
malen 3D5
man 1A4a
mangelhaft 6E
der **Mann**, ¨er 2D1
der **Mantel**, ¨ 5D4
das **Märchen**, - 11C2
die **Mark** 2BÜ9
der **Markt**, ¨e 9C3
die **Maschine**, -n 10DÜ1
die **Mathematik** (Mathe) 4A5
die **Mauer**, -n 11C3
mehr 3A3
mein 2E
die **Meinung**, -en 12D
der **Meister**, - 3A3
die **Meisterschaft**, -en 3A3
Mensch! 2A4
der **Mensch**, -en 2C
merken 12D1
das **Messer**, - 4C1
messerscharf 6C
der **Meter**, - 9A2
die **Miete**,-n 2E
der **Mieter**, - 6A5
mietfrei 11C3
die **Milch** 2BÜ3
mindestens 5A3

die **Minute,** -n 2A5
mir 5A1
die **Miracoli** *pl.* 4C3
mischen 9DÜ6
mit 2A4
mitbringen 4D1b
der **Mitbürger,** - 4BÜ1
miteinander 12A1
mitfahren 4BÜ1
mitkommen 4A3
mitmachen 11E1
der **Mittag,** -e 5BÜ4
die **Mitte** 1E
mitten 9A5
die **Minute,** -n 2A5
der **Mittwoch** (, -e) 4A1
das **Möbel,** - 2E
der **Möbelwagen, - 10C**
möbliert 6A5
möcht- 2A2
das **Modell,** -e 6A1
das **Mofa,** -s 9DÜ7
mögen 2D4
möglichst 5A5
Moment! 4A6
der **Monat,** -e 2E
der **Mond,** -e 8DÜ5
der **Montag,** -e 5BÜ4
das **Montage-Band,** ¨-er 5A4
der **Morgen** 5BÜ4
der **Moslem,** -s 11C2
der **Motor,** -en 2C
die **Motorhaube,** -n 2C
das **Motorrad,** ¨-er 8DÜ5
müde 2C
der **Mund,** ¨-er 3A1
die **Musik** 3C
müssen 4A1
die **Mutter,** ¨ 3C
die **Muttersprache,** -n 12C

N

na! 3A4
nach 2A5, 4A3
nach Hause 7A1
der **Nachbar,** -n 3DÜ11
die **Nachbarin,** -nen 3DÜ11
nachkommen 4E1
der **Nachmittag,** -e 5BÜ4
nächst- 5A4
die **Nacht,** ¨-e 5C1
nachts 4BÜ3
die **Nähe** 6DÜ1
nähen 4C1
der **Name,** -n 1A1
die **Nase,** -n 3A1
national 12C
die **Nationalitätenklasse,** -n 11BÜ2
natürlich 4A1
nebeneinander 9A5
die **Nebenkosten** *pl.* 6A5
nehmen 2A4
nein 1A3
nett 8A1
netto 2E
neu 3DÜ6
nicht 1A3
nicht mehr 3A3
nie 7A1
nie wieder 7A1
die **Niere,** -n 3A1
nix 9C1
noch 1A4a, 11A2
normal 6C
die **Note,** -n 12A2
notieren 5A5
Nr. (= Nummer) 1C
nun 10 A2
nur 5C1

O

oben 1E
der **Ober,** - 2BÜ5
der **Oberschenkel,** - 3A1
das **Obst** 2A7
oder 2A7
öffnen 7C2
oft 5C1
öfter 10E
oh! 2A6
das **Ohr,** -en 3A1
der **Oktober** 5BÜ6
die **Olive,** -n 2A7
der **Onkel,** - 3C
die **Operation,** -en 4C1
orange 6BÜ4
die **Ordnung** 3A4
der **Ouzo** 10DÜ2

P

P (= Portugal) 1A2
das **Paar,** -e 2A4
paarmal 11E1
packen 10C
die **Packung,** -en 4C3
die **Paëlla** 10DÜ1
das **Paket,** -e 2C
päng-päng! 3A3
der **Pantoffel,** -n 9D1
das **Papier,** -e 7BÜ2
die **Papiere** *pl.* 11C4
der **Papierflieger,** - 2A1
die **Pappe,** -n 9A5
der **Park,** -s 3D6
parken 7A3
der **Parkplatz,** ¨-e 7BÜ11
der **Parkwächter,** - 3A5
das **Partisanenlied,** -er 3E
das **Paßamt,** ¨-er 9BÜ2
passen 6A1
passieren 3A3
die **Paßstelle,** -n 10A2
der **Patient,** -en 3A2
die **Pause,** -n 12E1
das **Pedal,** -e 12E1
pensioniert 8E3
per 4BÜ1
die **Person,** -en 1D3
die **Petersilie** 9BÜ8
pfeifen 7C2
der **Pfennig,** -e 2BÜ9
die **Pflege** 2E
phantastisch 6A3
das **Picknick** 3C
der **Picknickkorb,** ¨-e 3C
der **Pinsel,** - 2A1
die **Pistole,** -n 5BÜ5
die **Pizza,** -s 3BÜ2
das **Plakat,** -e 4E3
der **Platz,** ¨-e 5A1
die **Platznummer,** -n 5A1
der **Politiker,** - 12DÜ4
die **Polizei** 5D6
der **Polizist,** -en 3A5
die **Pommes Frites** *pl.* 2A4
die **Portion,** -en 2A4
die **Post** 5D6
die **Postangestellte,** -n 8E3
der **Präsident,** -en 11C3
die **Praxis,** -xen 5A5
der **Preis,** -e 6E
der **Preisnachlaß,** ¨-sse 7E3
preiswert 6DÜ2
prima 6A3
privat 6A5
der **Privatgrund,** ¨-e 9D5
das **Privattelefon,** -e 7BÜ10
pro 8A2
Pro Familia 9A1
das **Programm,** -e 4E2
der **Projektor,** -en 4C1
PS (= Pferdestärken) 11A1
der **Pullover,** - 6A1

Q

das **Quadrat,** -e 9A5
der **Quadratmeter,** -6A5
qualifizieren 12BÜ
Quatsch! 7A1

R

der **Rabatt** (, -e) 7E3
der **Rabe,** -n 5C1
der **Radiergummi,** -s 2A2
das **Radio,** -s 2A1
der **Raki** 3C
rasieren 7BÜ2
das **Rathaus,** ¨-er 7BÜ11
ratlos 10E
rauchen 2D4
raus 4C1
rausfallen 10A1
rausziehen 4C1
rechnen (mit etwas) 10E
das **Recht,** -e 11C3
recht haben 6A3
rechts 1E
reden 7C1
das **Regal,** -e 8DÜ3
die **Regelklasse,** -n 12C
reich 3DÜ4
der **Reiche,** -n 11C3
die **Reihe,** -n 5A1
das **Reihenhaus,** ¨-er 8E4
reinstecken 4C1
der **Reisbrei** 11C3
die **Reise,** -n 2E
reisen 5A4
der **Reisepaß,** ¨-sse 6DÜ1
die **Reklame** 11BÜ5
die **Religion,** -en 11C2
die **Rentnerin,** -nen 9E2
reparieren 3C
das **Restaurant,** -s 5D5
der **Rhythmus,** -men 12E1
richtig 6A3
riechen 5C1
riesig 6A4
der **Rinderbraten,** - 4C3
der **Ring,** -e 9C1
der **Rock,** ¨-e 6BÜ2
das **Rohr,** -e 3BÜ4
der **Roman,** -e 11C1
rot 3A4
rothaarig 6BÜ6
die **Rückfahrt,** -en 4A1
rückwärts 9C3
rufen 7BÜ2
die **Ruhe** 7BÜ10
ruhig 6A5
der **Rundfunk** 11E3
runterwerfen 7C2

S

S (= Schweden) 1BÜ6
's (es) 1A3
der **Saal,** ¨-e 7C1
der **Sack,** ¨-e 4BÜ3
die **Säge,** -n 2A1
sagen 1A1
die **Sahara** 8DÜ5
das **Sakko,** -s 6BÜ2
das **Salatöl,** -e 2A7
der **Samowar,** -e 9D1
der **Samstag,** -e 5BÜ4
Samstag abend 7C1a
der **Satz,** ¨-e 1D1
sauber 4E3
sauberhalten 4E3
saubermachen 12A1
schade 7C2b
die **Schaf(s)wolle** 11E2
der **Schal,** -s 6BÜ3
die **Schallplatte,** -n 4D2b
der **Schalter,** - 8DÜ3
scharf 4C1
das **Schaufenster,** - 9BÜ5
die **Scheibe,** -n 4DÜ8
der **Schenkel,** - 3A1
die **Schere,** -n 2A1
scheußlich 6A3
schick 11DÜ3
der **Schiedsrichter,** - 6A3
das **Schienbein,** -e 3A1
das **Schild,** -er 7BÜ10
schimpfen 9C1
das **Schinkenbrot,** -e 2A4
der **Schlachter,** - 9DÜ3
der **Schlaf** 5C1
schlafen 3C
das **Schlafzimmer,** - 7BÜ12
die **Schlagader,** -n 3A1
das **Schlaraffenland** 11C3
schlecht 2C
schleichen 8BÜ2
schließlich 1C
schlimm 7A4
der **Schlüssel,** - 7C2
schmecken 6A3
der **Schmerz,** -en 3A4
schminken 12BÜ
der **Schmorbraten,** - 2A7
der **Schmutz** 11BÜ2
der **Schnabel,** ¨ 5C1
schneiden 9BÜ8
die **Schneiderin,** -nen 12BÜ
schnell 3DÜ6
der **Schnurrbart,** ¨-e 6C
die **Schokolade,** -n 2A7
schon 3A4
schön 3C
der **Schrank,** ¨-e 2A2
schrecklich 6A4
schreiben 1A4a
die **Schreibmaschine,** -n 2A
schreien 7C2
die **Schubkarre,** -n 5A3
die **Schublade,** -n 9A3
schuld 9C1
die **Schule,** -n 11BÜ2
der **Schulfreund,** -e 12BÜ
die **Schulklasse,** -n 11BÜ2
die **Schultasche,** -n 9DÜ2
die **Schulter,** -n 3A1
schütten 9BÜ8
schwarz 5A4
schwarzhaarig 6BÜ6
das **Schwein,** -e 2A7
schwer 3A2
die **Schwester,** -n 5BÜ6
die **Schwiegertochter,** ¨ 9E2
das **Schwimmbad,** ¨-er 9BÜ5
schwitzen 4BÜ3
sehr 3BÜ7
sein 1A1, 5A1
seit 5A4
die **Seite,** -n 9A2
die **Seitenlänge,** -n 9A5
die **Sekretärin,** -nen 8E3

selbst 4E3
selten 4E3
serbokroatisch 1D8
Sie 1A1
sie 1C
sicher 6A4
singen 7C1
Sizilien 4E3
der **Slibowitz,** - 3BÜ2
so 3A3
das **Sofa,** -s 9A3
sofort 6A5
der **Sohn,** ¨e 8E1
sollen 7C2
das **Sonderangebot,** -e 2A7
die **Sonne,** -n 3DÜ7
der **Sonnenuntergang,** ¨e 11E1
sonnig 5C1
der **Sonntag,** -e 3C
sonstige 3A2
sonstiges 2E
sortieren 2DÜ1
der **Sozialberater,** - 8A2
der **Sozialdienst,** -e 9A1
spät 2A5
die **Spätschicht,** -en 12E1
die **Spaghetti** *pl.* 5BÜ7
spanisch 2A
sparen 4E3
spazierengehen 7DÜ3
die **Speise,** -n 2A4
der **Speisewagen,** - 7BÜ2
das **Spezialgeschäft,** -e 6C
die **Spezialklinge,** -n 6C
der **Spiegel,** - 3BÜ4
das **Spiel,** -e 1BÜ7
spielen 4A5
spielend leicht 6C
die **Spirale,** -n 4C1
die **Sprache,** -n 1D8
der **Sprachkurs,** -e 12A1
sprechen 1A3
die **Sprechstundenhilfe,** -n 5A5
der **Sprudel,** - 2A4
die **Stadt,** ¨e 5A4
das **Stammlokal,** -e 5A4
das **Standesamt,** ¨er 9A2
ständig 11E1
der **Star,** -s 4E3
stark 2C
staunen 6C
stecken 4BÜ3
der **Stecker,** - 4C1
stehlen 11BÜ5
die **Stelle,** -n 5A4
der **Stempel,** - 10A2
stempeln 7A4
sterben 9E2
die **Steuer,** -n 11A1
die **Steuerkarte,** -n 9DÜ2
die **Stimme,** -n 5C1
stimmen 7A1
der **Stinker,** - 9C1
der **Stock,** ¨e 7C2
stöhnen 4C1
stolz 5C1
stopfen 4C1
die **Stoßstange,** -n 2C
die **Straße,** -n 2C
die **Straßenbahn,** -en 10A1
der **Straßenfeger,** - 4E3
das **Straßenverzeichnis,** - se 9A1
der **Streit** 11C1
streng 12BÜ
der **Strom** 2E
das **Stück,** -e 2A7
der **Student,** -en 6A5
das **Studentenwohnheim,** -e 6A5
studieren 8E3
der **Stuhl,** ¨e 2A1
stumpf 6C
die **Stunde,** -n 10DÜ1
das **Substantiv,** -e 2D2
suchen 4A5
der **Süden** 11C1
der **Supermarkt,** ¨e 2A1
die **Suppe,** -n 3BÜ2
die **Szene,** -n 6A1

T

die **Tablette,** -n 3A4
täglich 3A4
die **Tafel,** -n 2A7
der **Tag,** -e 1A1
der **Tageslichtprojektor,** -en 2A2
die **Tante,** -n 3C
tanzen 7C1
die **Tapete,** -n 4BÜ4
die **Tasche,** -n 2A1
die **Tasse,** -n 2A3
tausend 4E3
das **Taxi,** -s 7A1
der **Taxifahrer,** - 8E3
der **Tee,** -s 1BÜ7
das **Teeglas,** ¨er 9D1
die **Teewurst,** ¨e 4C3
der **Teilnehmer,** - 1C
das **Telefonat,** -e 4A1
telefonieren 7BÜ2
die **Telefonnummer,** -n 2A6
das **Telegramm,** -e 4A1
der **Teppich,** -e 9D1
der **Termin,** -e 5A5
teuer 2A4
das **Theater,** - 7BÜ11
tief 5C1
die **Tiefkühlkost** 6C
die **Tiefkühltruhe,** -n 6C
der **Tisch,** -e 2A2
die **Tochter,** ¨ 8A2
toll 6A3
die **Tomate,** -n 2A7
das **Tonbandgerät,** -e 2A1
der **Topf,** ¨e 2A
das **Tor** -e 9DÜ4
TR (= die Türkei) 1A2
tragen 3C
das **Transparent,** -e 4C1
träumen 12E
das **Traumhaus,** ¨er 8E3
traurig 12BÜ
die **Treppe,** -n 8A1
trinken 1A3
trocknen 11E1
türkisch 1D8
die **Tüte,** -n 2C
TÜV (= Technischer Überwachungsverein) 11A1

U

Ü (= die Übung) 1BÜ1
über 9D1
überall 4A5
überhaupt 6A1
überlegen 11C4
übernachten 4BÜ1
die **Uhr,** -en 2A1
die **Uhrzeit** 2A5
der **Uhu,** -s 4C1
um 4A1
umrühren 9BÜ8
umsonst 11C2
umsteigen 7A2
sich **umziehen** 12E1
der **Umzug,** ¨e 10C
die **Umzugsfirma,** -firmen 10C
unangemeldet 10E
unbestimmt 2D1
und 1A1
der **Unfall,** ¨e 2C
die **Unfallfolge,** -n 3A2
ungefähr 9A2
unhöflich 7A3
unmöglich 6A1
uns 5A1
unten 1E
sich **unterhalten** 9E2
der **Unterschenkel,** - 3A1
die **Unterschrift,** -en 1A4a
unveränderlich 1A4a
der **Urlaub** 5BÜ4
usw. (= und so weiter) 5A4

V

die **Vase,** -n 9A3
der **Vater,** ¨er 4C1
der **Ventilator,** -en 7BÜ2
verabschieden 11C4
verändern 10A3
das **Verb,** -en 1D3
die **Verbindung,** -en 7A2
verbleiben 11E
verboten 3A5
verbrennen 11BÜ5
verdammt 4A6
die **Verdauung** 3A4
verdienen 2E
vererben 11C2
vergessen 4A6
verheiraten 8E3
verkaufen 6BÜ7
der **Verkäufer,** - 6C
die **Verkäuferin,** -nen 8E3
der **Verkehr** 2C
verlassen 9C1
verlernen 12C
verlieren 6DÜ1
vermieten 6A5
der **Vermieter,** - 6A5
verrückt 7A1
der **Versicherte,** -n 3A2
die **Versicherung,** -en 11A1
das **Verständnis** 11E
verstehen 6C
versuchen 8A2
verwitwet 8E3
Verzeihung 1A1
verzollen 7BÜ2
viel 2A3
vielen Dank! 2A3
vielleicht 3A3
das **Viertel,** - 2A4, 9E2
das **Visum,** Visa 11C3
die **Volkshochschule,** -n 5DÜ5
die **Volksschule,** -n 12E1
voll 2C
von 4A3
vor 2A5, 4A6
die **Vorarbeiterin,** -nen 12D1
die **Vorbereitungsklasse,** -n 12BÜ
die **Vorlage** (zur Vorlage bei) 3A2
der **Vormittag,**-e 5BÜ4
der **Vorname,** -n 1A4a
vorne 1E
die **Vorschrift,** -en 8C1
vorsichtig 9C3
vorstellen 11E1
der **Vorteil,** -e 6C

W

das **Wahlrecht** 4BÜ1
wahr 11C2
der **Wald,** ¨er 5C1
die **Wand,** ¨e 3BÜ4
wann 4A1
die **Ware,** -n 7E3
warm 3DÜ4
warten 4BÜ3
warum 3A5
was 1A1
was? 3A3
was für? 6A4
das **Waschbecken,** - 3BÜ4
die **Wäscheklammer,** -n 4C1
waschen 5BÜ6
die **Waschmaschine,** -n 6BÜ7
das **Waschmittel,** - 4C3
die **Wäscheschleuder,** -n 6BÜ7
das **Wasser** 2BÜ3
der **Wasserhahn,** ¨e 3BÜ4
wechseln 7A4
wecken 5C1
der **Wecker,** - 2A1
weg 4A3
wegen 11E3
wegfahren 4A3
wegjagen 11E3
wegschicken 8A2
wegwerfen 4C1
wehtun 3A4
weich 6A1
der **Wein,** -e 1BÜ7
weinen 5C1
weiß 6BÜ2
weit 11DÜ2
weiter 5C1
weitergeben 11C1
welch- 6BÜ5
die **Welt,** -en 11C3
wem 5A1
wenig 3DÜ6
wenig, ein wenig 5C1
wer 1A1
werfen 4C1
die **Werkstatt,** ¨en 10BÜ3
die **Weste,** -n 6BÜ2
das **Wetter** 3C
der **Whisky,** -s 2BÜ3
wie 1A1
wie bitte? 1A3
wie lange 3A3
wieder 4A3
wiederkommen 4BÜ1
wiegen 5C1
wieviel 2A5
willkommen 11C4
wir 2A4
wirklich 6A3
die **Wirtschaft** 12A2
wissen 2A3
die **Witwe,** -n 8E3
wo 3A3
die **Woche,** -n 4A1
woher 1A2
wohnen 1A2
die **Wohnfläche,** -n 8C1
der **Wohnraum,** ¨e 4E1
die **Wohnung,** -en 2E
das **Wohnungsamt,** ¨er 5DÜ6
das **Wohnzimmer,** - 7BÜ12
wollen 7C2
die **Wunde,** -n 4C1
wunderbar 5C1
wünschen 6A5
die **Wurst,** ¨e 6C
das **Würstchen,** - 2A4

Quellennachweis für Texte und Abbildungen

Atelier im Bauernhaus (S. 130) "Mein Name Mehmet", (S. 156) "Wie heißt Du?" aus: Kadri, "Drei Geschichten", (S. 162) Ümit, "Die Deutschen" in: "Täglich eine Reise von der Türkei nach Deutschland", Neue Reihe Atelier 6; Semra Ertan, "wofür lebe ich" aus: "Zu Hause in der Fremde", Verlag Atelier im Bauernhaus, Fischerhude
Augustin, Viktor und Theo Scherling (S. 20) © Text und Zeichnung
von Bassewitz, Gert (S. 112) Foto
Bayerisches Staatsministerium für Unterricht und Kultus (Hg.) (S. 166) Graphik aus "Schulreport" 3/1979
Büchergilde Gutenberg (S. 109) Zeichnung von Dragutin Trumbetaš aus: "Gastarbeiter in Öl", Büchergilde Gutenberg, Frankfurt/Main 1977
Deutsche Bundesbahn (S. 54, 57, 96, 101, 102) Fahrplanauszüge etc.
Deutsche Bundespost (S. 24) Ausschnitt aus: Amtl. Fernsprechbuch 13, 1977/78
Deutscher Volkshochschul-Verband, Frankfurt/Main (S. 153) von Viktor Augustin für den Sprachunterricht bearbeitete Fassung von: Janosch, "Die Geschichte von Antek Pistole", hg. von der Pädagog. Arbeitsstelle des DVV
Deutscher Wetterdienst, Zentralamt, Offenbach (S. 159) Auszug aus Wetterbericht
dpa (S. 65) Foto und Legende
Fremdenverkehrsamt der Landeshauptstadt München (S. 135) Stadtplanausschnitt
Frölich und Kaufmann (S. 112) Foto aus: "Morgens Deutschland, abends Türkei", Verlag Frölich und Kaufmann, Berlin
Fürstenfeldbrucker Neueste Nachrichten (S. 118) Foto (Schneider) und Text (bvm) 23. 9. 1980
Glaser, Paul (S. 65 Mi.) Foto
Herder Verlag (S. 76) "Deine Hälfte weint", (S. 130) "Nasreddin sucht seinen Ring" nach G. Frank (Hg.) "Der türkische Eulenspiegel", Verlag Herder, Freiburg/Br. 1980
Initiative für Ausländer-Begrenzung (S. 66/o. r.) Flugblatt
Initiativgruppe – Betreuung von ausländischen Kindern, München (S. 105, 164)
Insel Verlag (S. 155) Abbildung aus: Karl Arnold, "Das Schlaraffenland", Insel Verlag, Frankfurt/Main
Janosch (S. 153) aus: "Die Geschichte von Antek Pistole" © Janosch
Edm. von König-Verlag (S. 129) Foto von W. Pabst aus: W. Sauer, W. Kootz "Schwäbisch Hall", Stadtführer (Luftaufn. Freig. d. Reg.-Präs. Ka. Nr. 0/10690), Edm. von König-Verlag, Heidelberg
Langen-Müller (S. 106) nach: Carlo Manzoni, "Hundertmal Signor Veneranda", Albert Langen – Georg Müller Verlag, München
"Langenscheidts Taschenwörterbuch Deutsch-Türkisch" von Prof. Dr. Karl Steuerwald und Prof. Cemal Köprülü, Langenscheidt, Berlin und München[15]1981
Münchener Verkehrsverbund (S. 98) Ausschnitt aus: "Bartarif-Schemaplan", München 1982
Network (S. 169) aus Network-Medienpaket H. Böseke und M. Burkert, "Ich steh vor meinem Plastikbaum und glaub' ich sitz im Wald", Texte von ausländischen und deutschen Jugendlichen, Ton-Cassette und Begleitbuch, Network Medien-Cooperative Verlag & Medien-Service GmbH, Hallgartenstr. 69, 6000 Frankfurt/Main 60
Pabst, W. (S. 129) Foto
Saltuk, Yunus (S. 57, 68, 119, 162, 170) © Zeichnungen
Schuckall, Hans Friedrich (S. 34 o.) Foto
Scriptor Verlag (S. 56) Bild und Text nach: Barkowski – Harnisch – Krumm, "Handbuch für den Deutschunterricht mit ausländischen Arbeitern", Scriptor Verlag, Königstein/Ts. 1980
Stern (S. 29/o. l.) Zeichnung © Stern/Moritz Mahlmann, (S. 29/Mi) 2 Fotos © Stern/Moldvay, Stern, Hamburg
Stiftung Warentest (S. 94 o.) aus: "test" 6/1980, Stiftung Warentest, Berlin
Trumbetaš, Dragutin (S. 109) Zeichnung
Verkehrsamt der Stadt Köln (S. 122) Stadtplanausschnitt
Wilms, Heinz (S. 67) © Bild und Text

Die Namen der abgebildeten Personen wurden z. T. geändert.

Wir danken allen, die uns durch Genehmigung zum Abdruck, zur Wiedergabe auf Tonträgern oder auf andere Weise freundlich unterstützt haben.